KB190672

사랑 그 위대한 힘

사랑 그 위대한 힘

사이間 없는 사이關係

강성일 지음

kmc

머리글

　데카르트는 "나는 생각한다. 고로 나는 존재한다."라고 말했고, 까뮈는 반대로 "나는 존재한다. 고로 나는 생각한다."라고 말했다. 그러나 나는 이렇게 말하고 싶다. "나는 고민한다. 고로 나는 존재한다." 인간은 생각함으로 존재하든, 존재함으로 생각하든, 생각하는 존재이다. 인간이 짐승과 다른 이유이다. 복잡하고 힘들다고 해서 고민하기를 포기하면 이는 스스로 인간이기를 포기하고 짐승의 자리로 물러앉는 어리석은 짓이다.

　작금의 혼란하기만 한 시대상황을 보면 슈바이처가 현대의 위기를 '사색의 빈곤, 창백한 사색'이라고 표현한 것은 적절한 표현이요, 바른 진단이라고 본다. 왜냐하면 오늘의 정치, 경제, 사회, 문화, 예술, 교육, 종교, 언론, 법조계를 보면 생각 없는 사람들로 인해 근본부터 흔들리고 있기 때문이다. 이러한 때에 더욱 안타깝고 마음 아프게 하는 것은 서로가 책임을 떠넘기면서 성토하는 사람들은 많으나 진지하게 고민하며 책임지려는 사람은 그렇게 많지가 않다는 것이다. 고민은 철학함이다. 고민이 끝없는 물음표의 중압으로 고통을 겪듯이 철학 또한 그러하다. 그래서 철학이 신앙으로 인도하는 안내자의 역할을 하듯 고민은 보다 깊은 신앙으로 인도하는 안내자의 역할을 한다.

선지자들이 그 시대의 아픔을 안고 고민하다가 하나님의 소명을 받았고 선각자 역시 그 시대의 아픔을 품고 깊이 고민하다가 시대의 소명을 받아 희망의 물줄기를 열어갔다. 감히 선지자나 선각자에 비견할 수 없지만 나름대로 이 시대를 아파하면서 고민한 나의 고민의 작은 편린들을 묶어 여기 내놓는다. 어쭙잖은 생각들에 대해서는 호된 질책을 받을 것을 준비하고 있지만 공감하는 부분들이 있다면 함께 고민해 보자는 의도에서다.

이 같은 기회를 마련해준 도서출판 kmc(출판국) 김광덕 총무님과 임직원 여러분께 감사를 드린다. 원고를 정리하느라 수고해주신 박현실 집사님과 언제나 건강한 고민을 하도록 든든한 기도의 배경이 되어주는 영일 성도에게 감사한다. 그리고 변함없이 나와 함께 앞만 바라보면서 여기까지 동행해 준 평생 동지요, 반려자인 정원에게도 깊은 감사를 드린다. 주님, 건강하고 거룩한 고민으로 주님께만 영광이 되는 삶이 되게 하소서.

주후 2009년 4월
강성일 목사

5

차례

제1장

생각하는 그리스도인이라야
예수의 제자이다

말하기 전에 한 번 더 생각하고,
일을 계획하고 실행하기 전에 한 번 더 생각하고,
발걸음을 옮기기 전에 한 번 더 깊이 생각하는 삶이
일상화되고 보편화될 때에 가정과 교회와 사회는
진정 아름답고 복된 모습으로 변모될 것이다.

인생을 정리하며 사는 지혜

또한 너희 지체를 불의의 무기로 죄에게 내주지 말고 오
직 너희 자신을 죽은 자 가운데서 다시 살아난 자 같이 하
나님께 드리며 너희 지체를 의의 무기로 하나님께 드리라
(롬 6:13)

같은 물이라도 소가 마시면 몸에 좋은 우유를 만들어내고, 독사가 마
시면 몸에 해로운 독을 만들어낸다. 같은 칼이라도 주부의 손에 들리면
맛있는 음식을 만들어내고, 강도의 손에 들리면 살인도 할 수 있는 무기
가 된다. 같은 연필이라도 문필가의 손에 들리면 좋은 작품이 나오고,
개구쟁이의 손에 들리면 지저분한 낙서가 나온다. 사람도 마찬가지다.
누구의 손에 들리느냐에 따라서 아름답고 보람 있고 가치 있는 인생을
살 수도 있고, 추하고 덧없고 무가치한 인생을 살 수도 있다.

이스라엘이 하나님께서 약속하신 젖과 꿀이 흐르는 가나안 땅을 향
해 진군할 때에 백성들의 대표인 장로들 가운데 다단과 고라가 있었다.
하지만 이 둘은 매사에 부정적이고 불평과 원망을 하며 지도자인 모세
를 대적하고 회중들을 선동하여 범죄케 하였다가 결국은 하나님의 진노

를 샀고, 마침내 땅이 갈라지면서 솟아오른 불 속에 빠져 죽고 말았다. 그러나 여호수아와 갈렙은 매사에 긍정적이고, 낙심한 이스라엘 회중들에게 용기와 위로를 주며 지도자인 모세를 협력해서 자기 사명에 충실하였고, 이로써 약속된 가나안 땅에 들어가는 축복을 누리게 되었다.

같은 장로이지만 고라와 다단은 사탄의 손에 잡혀 생활했기 때문에 추한 인생을 살다가 인생을 불행하게 마감했고, 역시 같은 장로이지만 여호수아와 갈렙은 하나님의 손에 잡혀서 생활했기 때문에 복된 인생을 살다가 인생을 아름답게 마감했다.

오늘도 세상에서 또 교회에서 천태만상의 사람들과 성도들이 사회활동을 하고 교회생활을 한다. 그러나 크게 분류하면 다단과 고라 같은 사람과, 여호수아와 갈렙 같은 사람 군으로 나눌 수 있다.

나의 삶의 모습은 어떠한가? 다단과 고라 같은 삶을 살고 있는가? 아니면 여호수아와 갈렙 같은 삶을 살고 있는가? 순간순간 자신의 삶의 모습을 정리하면서 살아가는 지혜를 가져야 하겠다. 심판주로 오시는 주님의 발길이 바로 문 앞에 다가와 있기 때문이다.

소크라테스와 디오게네스의 교훈

대저 정직한 자는 땅에 거하며 완전한 자는 땅에 남아 있으리라(잠 2:21)

소크라테스가 하루는 매우 작은 집을 짓고 있었다. 강아지도 겨우 들어갈 만한 작은 집이었다. 제자들이 이상해서 물어보았다. "선생님, 무엇을 하고 계십니까?" "집을 짓고 있다네." "그렇게 작은 집을 지어서 무엇에 쓰려고 그러십니까?" "글쎄, 이 작은 집이라도 진실한 사람으로만 가득 채울 수 있다면 나는 만족하겠네." 강아지도 겨우 들어갈 만한 작은 집이지만 그 집을 채울 만한 진실한 사람이 하나도 없다는 것을 깨우치기 위한 행동이었다.

하루는 디오게네스가 대낮에 등불을 켜들고 무엇을 찾듯이 두리번거리면서 아테네 시를 돌아다니고 있었다. 어떤 사람이 조롱하듯 물었다. "대낮에 등불을 켜들고 도대체 무엇을 찾는 것이요?" "예, 사람다운 사람, 진실한 사람을 찾고 있습니다." 디오게네스 역시 진실한 사람을 찾을 수 없는 세대를 깨우치기 위한 교훈적인 행위를 보여준 것이다.

오늘의 시대는 어떠한가? 정치, 경제, 도덕, 문화, 종교계의 실상은 어떠한가? 우리가 몸담고 신앙생활을 하는 기독교는, 우리 교회는 어떠한가? 나는 어떠한가? 하나님과 자신의 신앙 양심 앞에 얼마나 바르고 진실하게 살아가고 있는가? 혹 지킬 박사와 하이드와 같은 삶을 살고 있지는 않은가? 야누스와 같이 두 얼굴을 가지고 있지는 않은가?

뱀은 혀가 둘로 갈라져 있다. 뱀 곧 사탄은 두 혀를 가지고 두 말을 하는 거짓말쟁인 것이다. 그러나 앞에서 옳은 것이면, 돌아서서도 옳아야 한다. 이곳에서 옳은 것이면, 저곳에서도 옳아야 한다. 사람에 따라서 말의 내용이 달라지고 장소에 따라서 말의 내용이 달라진다면, 이는 분명 사탄의 꼭두각시놀음을 하고 있는 것이다.

성도는 진실하신 예수 그리스도를 모시고 사는 사람들이다. 그러므로 진실하신 예수 그리스도를 드러내며 살아야 한다. 하나님 앞과 사람 앞, 자신의 신앙 양심 앞에서 언제 어디서나 진실하기를 힘쓰자. 오늘 거리에 소크라테스의 집 짓는 모습이나 디오게네스의 등불을 들고 다니는 모습을 찾아볼 수 없는 것은 모두가 진실하다는 것일까? 아니면 소크라테스나 디오게네스 같은 사람마저 하나 없는 온통 거짓의 세계란 말인가?

육체의 한계와 성령의 도우심

오직 하나님이 성령으로 이것을 우리에게 보이셨으니 성
령은 모든 것 곧 하나님의 깊은 것까지도 통달하시느니라
(고전 2:10)

눈은 보기만 하고, 코는 냄새만 맡는다. 귀는 듣기만 하고, 혀는 맛만
본다. 눈이 듣지 못하고, 코가 보지 못한다. 귀가 맛보지 못하고, 혀가 냄
새 맡지 못한다. 이렇게 우리 몸의 감각기관은 제각기 기능이 다르고,
그 기능에는 한계가 있다.

세상의 많은 사람들이 자신을 지성인이라고 자처하지만, 스스로 어
리석고 무지함을 드러내는 경우가 많다. 즉 육체의 오감으로 감지할 수
없다고 해서 하나님을 부인하고 영의 세계를 부인하는 것이다. 영의 세
계는 육체의 감각기능으로는 감지할 수 없는데도 그들은 자신의 주의주
장만을 고집한다.

눈이 어둡거나 귀에 이상이 생기면 안경이나 보청기 등을 사용해서
사물을 분명하게 식별해 내고 똑똑하게 소리를 듣는다. 마찬가지로 영

의 세계도 성령의 도우심을 받아야 알 수 있다. 영의 세계는 육체의 오 감으로는 감지할 수 없으며, 영적인 감각만으로 알 수 있다. 만약에 눈이 듣지 못한다고 해서 소리가 없다거나, 귀가 맛보지 못한다고 해서 음식에 아무런 맛이 없다고 한다면 이 얼마나 어리석고 무지한 일인가.

그래서 주께서는 성령을 받으라고 말씀하셨다. 성령은 하나님의 깊은 것이라도 통달하시기 때문이다. 그러므로 인간이 지닌 육체의 한계를 인정하며 하나님 앞에 겸손하자. 그리고 사모하며 성령을 받자. 성령을 받아야 영의 사람이 되며, 하늘나라를 유업으로 받을 수 있다. 성령은 누구나 받을 수 있다. 자신의 죄를 회개하고 성령을 사모하며 겸손하게 믿고 순종하면 된다.

교회에 다니는 사람은 많으나, 참된 그리스도인은 드물다. 그리스도인은 영의 사람을 말한다. 누구든지 그리스도의 영이 없으면 그리스도의 사람이 아니다. 성령으로 아니하고는 예수 그리스도를 '주'라고 믿고 부를 수 없기 때문이다. 성령을 받아야 길이요, 진리요, 생명 되신 예수 그리스도를 나의 구주로 믿게 된다.

생각하는 그리스도인

육신을 따르는 자는 육신의 일을, 영을 따르는 자는 영의
일을 생각하나니 육신의 생각은 사망이요 영의 생각은 생
명과 평안이니라(롬 8:5~6)

인간을 호모 사피엔스(Homo Sapiens)라고 한다. 생각하는 존재라는 뜻
이다. 파스칼은 말하길 "인간은 생각하는 갈대"라고 했다. 실제로 생각
할 수 있는 능력은 인간만이 가지고 있고 인간에게만 주어진 축복이다.
그러나 애석하게도 인간은 생각하기를 포기함으로써 인간의 특성을 상
실했으며, 불행한 삶을 자초하고 있다.

현대를 위기의 시대라고들 말한다. 그리고 그 위기의 증상을 여러 각
도에서 진단하고 있다. 인구 팽창, 식량 및 자원의 고갈, 가치관의 붕괴
로 인한 도덕의 부재, 환경 및 대기오염, 핵폭탄의 위협 등 많은 요인을
든다. 그러나 원시림의 성자라고 불리는 슈바이처는 이 시대의 위기를
'창백한 사색', 즉 '사색이 빈곤한 시대'라고 진단했다. 생각하는 존재
인 인간이 생각하기를 포기한 데서 현대의 위기가 닥쳐왔다는 것이다.

인간이 근원적인 자신의 존재에 대해서 깊이 생각한다면 자신의 한계를 깨닫게 될 뿐 아니라, 영원한 지존자이신 하나님을 경외하지 않을 수 없다. 생각 있는 정치가, 생각 있는 기업인, 생각 있는 교육자, 생각 있는 예술인, 생각 있는 학생, 생각 있는 주부가 많았다면, 오늘의 정치, 경제, 사회, 문화, 학교, 가정 등 모든 면에서 기사회생의 여지를 찾기도 어려울 정도로 절망적인 상황에까지는 이르지 않았을 것이다.

호모 사피엔스, 이제 그리스도인이 앞장서서 인간에게만 주어진 특성이요 축복인 '생각하는 인간운동'을 일으켜야 하겠다. 말하기 전에 한 번 더 생각하고, 일을 계획하고 실행하기 전에 한 번 더 생각하고, 발걸음을 옮기기 전에 한 번 더 깊이 생각하는 삶이 일상화되고 보편화될 때에 가정과 교회와 사회는 진정 아름답고 복된 모습으로 변모될 것이다.

생각하는 자녀라야 효도한다. 생각하는 부모라야 자녀를 바르게 양육한다. 생각하는 사람이라야 애국하는 백성이 된다. 생각하는 그리스도인이라야 시대적인 사명을 잘 감당한다. 우리 모두 생각하는 그리스도인이 되자.

사람이 염치가 없다면
짐승과 무엇이 다르랴

그들이 가증한 일을 행할 때에 부끄러워하였느냐 아니라
조금도 부끄러워하지 않을 뿐 아니라 얼굴도 붉어지지 않
았느니라 그러므로 그들이 엎드러지는 자와 함께 엎드러
질 것이라 내가 그들을 벌하리니 그 때에 그들이 거꾸러지
리라 여호와의 말씀이니라(렘 6:15)

인간이 짐승과 다른 점이 있다면 절대자에 대한 경외심 곧 종교성이
있다는 것이요, 선악을 분별하는 도덕성이 있다는 것이다. 그리고 자신
의 모자람이나 허물을 깨닫고 부끄러워할 줄 아는 염치가 있다는 것이
다.

그런데 오늘 이 시대를 사는 사람들은 날이 갈수록 염치를 모르는 짐
승의 모습으로 변모해 가는 듯하다. 부모가 자식을 인간 사육사에게 팔
아넘기고도 부끄러워할 줄을 모른다. 자식이 부모를 학대하고 폭행하면
서도 부끄러워할 줄을 모른다. 형제와 형제가 칼부림을 하면서도 부끄
러워할 줄을 모른다. 아내가 남편 모르게 서방질을 하면서도, 혹은 남편
이 육욕의 노예가 되어 잦은 외박을 하면서도 부끄러워할 줄을 모른다.

정치, 경제, 사회, 문화, 교육, 군대 등 그 어느 곳을 살펴보아도 제자

리를 지키며 '~답게 사는 사람들'을 찾기란 그리 쉽지 않다. 종교계라고 예외는 아니다. 돈 때문에 비구이든 대처이든 승려들이 저마다 사찰의 주도권을 거머쥐려고 폭행을 하고, 심지어 살인까지 서슴지 않는다고 한다. 기독교계 역시 총회장이나 감독이 되기 위해서 억대의 돈을 푼다고 한다. 그러고도 부끄러워할 줄을 모른다. 가장 순수해야 할 예술계도 마찬가지이다. 미술계나 음악계나 무용계나 문학계가 대학에 입학하기 위해서는 물론 문단에 등용하는 일에서도 적지 않은 돈이 오간다고 한다. 그러고도 부끄러워할 줄을 모른다.

더욱이 예수를 믿는 성도라면 성도다움이 있어야 한다. 직분을 맡은 자 역시 직분을 맡은 자다워야 한다. 그러나 이름과 자리를 지키지 않으면서도 부끄러워할 줄을 모르는 성도나 직분자들이 많다. 이러한 이들을 가리켜 성경에서는 '창녀'와 같다고 했다(렘 3:3).

그러므로 하나님 앞과 사람 앞과 자신 앞에 염치 있는 존재가 되기를 힘써야 한다. 사람이 염치가 없다면 짐승과 무엇이 다르겠는가!

지배자와 지도자

앉아서 먹는 자가 크냐 섬기는 자가 크냐 앉아서 먹는 자가
아니냐 그러나 나는 섬기는 자로 너희 중에 있노라(눅 22:27)

예수는 십자가에 돌아가시기 전 제자들과 함께 예루살렘으로 올라가
셨다. 하지만 그 길은 결코 즐거운 여행이 아니었다. 영원한 지옥형벌을
받아야 할 우리 인생들을 위해 대속의 죽음을 죽으러 가시는 길이기 때
문이다.

그때 긴장된 적막을 깨고 요한과 야고보 형제가 예수님께 소원하였
다. "우리를 주님의 영광스러운 나라에서 하나는 주님의 오른편에, 하나
는 주님의 왼편에 앉게 해주십시오." 이 말을 들은 다른 제자들은 분하
게 여기며 화를 냈다. 어째서 너희 형제만 높은 자리에 앉느냐는 것이다.
제자들은 왜 분하게 여기며 화를 내었을까? 그것은 서로 높은 자리에
앉아 다른 사람을 지배하려는 욕망이 컸기 때문이다.

오늘의 우리도 교회 안에서든 교회 밖에서든 대인관계에서 분하게

여기고 화를 내는 경우가 많다. 자기는 섬김을 받고 남은 지배하고픈 욕구가 충족되지 못하기 때문이다. 다른 말로 하면 응분의 대우를 받지 못할 때 분하게 여기고 화를 내는 것이다.

그러나 주님께서 말씀하시고, 사신 삶은 그런 것이 아니다. 많은 사람의 머리 위에 군림하여 목청을 높이는 지배자가 되지 말고, 오히려 많은 사람의 발 앞에 무릎을 꿇고 섬기는 종으로서의 지도자가 되라고 말씀하셨다. 그리고 예수님은 그 말씀대로 사셨다. 제자들의 발을 씻기며 남을 섬기는 종의 모습을 몸소 보여주신 것이다.

그런데 우리는 어떠한가? 가정이든, 직장이든, 교회이든, 국가이든 이토록 시끄럽고 어지러운 이유가 무엇인가? 너나 할 것 없이 다른 사람 위에 군림하고픈 지배자의 욕망 때문이다.

예수를 믿되 바로 믿자. 예수를 바로 믿자는 것은 예수를 구주로 믿고 영접할 뿐 아니라 예수의 삶을 그대로 살아가자는 말이다. 기도 많이 하고 능력 행하는 것을 자랑하지 말아야 한다. 성경을 많이 알고 남에게 잘 가르치는 것을 자랑하지 말아야 한다. 능력을 행하고 남을 잘 가르쳐도 응분의 대우를 받지 못할 때 분한 마음이 생기고 화가 난다면, 아직도 젖먹이 신앙에 불과한 것이다. 그러므로 많은 사람의 머리 위에 군림하여 지배하려 하지 말고 많은 사람의 발 아래에서 섬기는 종으로서의 지도자가 되려고 노력하라. 이것이 복 받고 큰 일을 할 수 있는 성숙한 믿음이다.

신사적이고 인격적인 지혜

너희가 어찌하여 매를 더 맞으려고 패역을 거듭하느냐(사 1:5a)

　　젊은 시절, 군에 있을 때였다. 서럽고 고달픈 신병생활을 거쳐 드디어 참모총장도 부럽지 않은 병장 진급을 하게 되었다. 행정반에서나 내무반에서나 최고 고참이 된 것이다. 함께 진급한 입대동기인 우리는 군대의 생리를 잘 알기에 신병시절을 정신없이 보내면서도, 조용한 시간이 날 때면 우리가 고참이 되거든 신병들을 신사적으로, 인격적으로 대하자고 다짐하였다. 너무나도 비인간적이고 무지막지한 대우를 받았기 때문이다.

　　그렇게 해서 고참이 된 우리는 따뜻한 분위기를 만들어 보고자 식사도 손수, 빨래도 손수, 침구도 손수, 행정반 청소도 손수 하기를 시작했다. 그랬더니 신병들은 전에 보지 못하던 고참들의 행동에 무척 당황하면서도 자신의 일을 성실하게 해 나가기 시작했다. 행정반 분위기도 점

점 훈훈해지고 활기가 넘쳐났다.

그러나 고참들의 뜻을 신병들도 잘 이해하고 따라준다 싶더니 며칠이 못 가 인간의 추한 모습이 드러나기 시작했다. 신병들이 해야 할 일을 고참들이 하는데도 그들에게서 미안한 표정을 찾아볼 수 없었고, 오히려 무시하는 몸짓을 보였다. 우리는 몇 차례 신병들을 모아 놓고 부드럽게 권면을 했으나 그때만 반짝할 뿐 여전하였다. 이로 인해 느껴지는 배신감과 서글픔과 분노의 감정을 자제하기가 그리 쉽지 않았다. 결국 우리는 거의 1미터 가량 눈이 쌓인 어느 겨울날, 팬티바람으로 집합을 시켜 놓고 그중에 제일 고참만을 한 발 앞으로 나오게 해서 무지하게 매를 들고야 말았다. 그 후론 신병들의 태도가 굉장히 유연해졌다. 하지만 속으로는 또 한 번 서글픔을 씹어야만 했다.

그런데 물리적인 힘을 가하고 눈을 부릅뜨고 목청을 돋우어야만 움직이는 사람들은 비단 군대사회에만 있는 것이 아니다. 신사적, 인격적이란 낱말은 모든 사전에서 빼 버려야 하지 않을까 하는 생각이 드는 때가 종종 있다. 인간이 인간을 대할 때에도 이러할진대 하나님께서 인간을 대하실 때에야 오죽하랴! 성경에 말하기를 말에는 채찍이요, 나귀에게는 자갈이요, 미련한 자의 등에는 막대기(잠 26:3)라고 했고, 존귀에 처하나 깨닫지 못하는 사람은 멸망하는 짐승 같다고(시 49:20) 했다.

지혜란 자신을 신사적으로, 인격적으로 대할 때 그에 걸맞게 신사적이고 인격적인 반응을 보이는 것이다. 하나님 앞에나 사람 앞에서 지혜로운 삶을 살아가자.

소부와 허유의 고사가 주는 교훈

너희는 열매 없는 어둠의 일에 참여하지 말고 도리어 책망
하라 그들이 은밀히 행하는 것들은 말하기도 부끄러운 것
들이라(엡 5:11~12)

중국 하남성 동남쪽에 위치한 기산은 요임금 때의 고사(高土) 소부와
허유가 은둔해 살던 산이다. 허유는 어진 은자로서 바르지 않은 자리에
는 앉지도 않았고, 당치도 않은 음식은 입에 대지도 않았으며, 오로지
의를 지키고 살았다. 이러한 소문을 들은 요임금은 천하를 그에게 물려
주고자 그를 찾아갔으나 허유는 이를 거절하였다. 그렇다면 구주(중국의
한 성)라도 맡아 달라고 임금이 청하자 그는 노여운 마음마저 들어 이를
거절하고 "구질구질한 말을 들은 내 귀가 더러워졌을 것"이라며 흐르는
물에 귀를 씻었다.

그때 소부가 말에게 물을 먹이고자 시냇가에 이르러 그 광경을 보고
는 허유에게 물었다. "왜 갑작스레 강물에 귀를 씻는가?" "요임금이 찾
아와 나더러 천하나 구주라도 맡아 달라고 하니 행여 귀가 더러워졌을

까 하여 씻고 있는 중이라네." 그 말을 들은 소부는 말을 몰고 상류로 올라가며 이렇게 말하였다. "그대의 귀를 씻은 구정물을 내 망아지에게 먹일 수는 없지. 난 위로 올라가 물을 먹이겠네."

세상의 선비들도 이같이 곧은 삶을 살려고 애쓰는데, 하늘의 선비라고 할 수 있는 오늘의 그리스도인들은 어떤 모습으로 살고 있는가? 마치 에서가 팥죽 한 그릇에 장자의 직분을 팔아넘기듯이 세속적인 명예와 이익을 위해서라면 온갖 추한 꼴을 다 보이고 있지 않는가?

도르우라는 경건한 신앙인은 취미삼아 책상 위에 놓아 두었던 수석을 창밖으로 던져 버리면서 이렇게 말했다고 한다. "내가 내 마음의 먼지도 털어내지 못하고 살면서 돌멩이에게까지 시중들 수 없노라."

예수 그리스도 안에서 성숙한 인격은 하루아침에 이루어지지 않는다. 끊임없이 육적인 자아와 싸워서 굴복시키는 삶을 살아야 한다. 자기와 싸워서 승리하는 사람만이 성공적인 인생을 살 수 있고, 성공적인 신앙생활을 할 수 있다.

성도여! 우리는 나실인(하나님께 바쳐진 사람)임을 명심하자. 언제 어디서나 나실인으로서의 경건의 덕목을 늘 묵상하며 실천해야 한다. 그것은 곧 청빈, 순결, 순명, 극기, 겸손, 침묵, 고독, 진실, 선행을 묵상하는 삶이다. 그리함으로써 우리는 하늘나라 선비다움을 보이며 살아야 한다. 이것이 세상의 빛이며 소금 되는 삶이 아니겠는가!

별 수 없는 세상, 별 수 없는 놈

너희가 죄와 싸우되 아직 피 흘리기까지는 대항하지 아니
하고(히 12:4)

바른 삶을 살아보려고 고민하여 몸부림치는 한 친구는 평소에 존경
하는 대선배를 지켜보다가 크게 실망한 적이 있다고 한다. 누구나 다 마
찬가지겠지만, 특별히 그분은 언제나 의와 진리만을 말해야 하는 위치
에 있는 분이었다. 그러나 많은 식솔을 거느리다 보니 식솔들의 호구지
책 문제로 주변의 눈치를 살피느라고 할 말을 못하면서 지내더란다. 그
래서 흔히 하는 말대로 친구는 이렇게 물었다. "인생은 짧고 굵게 살아
야 하지 않겠습니까? 구질구질한 모습으로 오래 살면 무엇 합니까?" 그
랬더니 그 대선배의 말이 "자네도 결혼해서 처자식을 거느려 보게. 그러
면 지금의 내 심경과 형편을 이해하게 될 걸세" 하는 것이었다.

그 친구가 평소에 존경하던 대선배에게 실망한 것은 바로 '자네도 결
혼해서 처자식을 거느리면 별 수 없이 나와 같은 생각과 처신을 하게'

되리라는 말이었다고 한다. "네가 지금은 상아탑 안에서 의를 말하고 진리를 말하고 선을 말하지만, 너도 이상적인 상아탑을 벗어나 보다 구체적인 현실에 부딪쳐 보면 별 수 없을 것이다. 나도 전에는 불의를 보면 의분을 느끼고 목청을 돋우어 보았지만, 현실에 무지한 그 같은 행위는 마치 바늘로 지렛대를 삼아 바위를 움직이려는 것 같이 무모하고 어리석은 짓이었다. 그러므로 통속의 물결을 따라 모나지 않고 평범한 소시민으로 사는 것이 속 편하다."라는 말을 들을 때에는 심한 혐오감마저 느꼈다고 한다.

그런데 이 친구도 그 선배의 말대로 결혼하고 처자식을 거느리다 보니까 자기 역시 '별 수 없는 놈'의 자리에 서게 될 때가 많더라는 것이다. 그래서 근자에는 걷잡을 수 없는 자괴심으로 하여 때로는 헤어나기 힘든 상태에 빠지기도 하고, 인생에 대한 깊은 회의의 늪 속에 빠지기도 한다는 것이다.

그렇다. 실제로 의와 진리를 말해보지 않은 사람이 어디 있겠는가. 그러나 살다보니까 어쩔 수 없이 '별 수 없는 놈'이 되고, 그러다 보니 세상은 '별 수 없는 세상'에서 조금도 나아지질 않고 더욱 어둡고 혼란해지기만 하는 것이 아니겠는가. '별 수 없는 놈'이 되지 않으려고 고민하며 몸부림치는 사람이 많아져야 할 텐데…….

기독 청소년들이여! 느그들은 어떤 일이 있더라도 '별 수 없는 놈'일랑 되지 말그래이.

강대상을 혁명하라

그들은 심히 패역한 자라 그들이 듣든지 아니 듣든지 너는
내 말로 고할지어다(겔 2:7)

왕벌빌만이라고 하는 분이 이러한 말을 했다고 한다. "강대상이 예수
님과 가까워지면 교인수가 줄어들고, 강대상이 예수님과 멀어지면 교인
수가 늘어난다." 무슨 말인가? 강대상에서 의로운 하나님의 말씀이 선
포되면 교인들이 이를 듣기 싫어하기 때문에 교인수가 줄어든다는 것이
요, 강대상에서 그들의 평안과 기복을 기원하면 교인들이 이를 좋아하
기 때문에 교인수가 늘어난다는 말이다.

실제로 오늘날 많은 지도자들이 회중들의 기호에 야합해서 의로운
하나님의 말씀보다는 회중들의 귀에 듣기 좋은 말을 함으로써 교인수를
늘이고, 이를 성공의 기준으로 삼으려는 경향을 찾아볼 수 있다. 이는
회중이나 지도자들이나 크게 각성해야 할 일이다.

어느 종교나 무속적인 요소가 없을 수 없으나, 무속과 종교의 근본적

인 차이가 무엇인가? 특별히 무속이나 일반 종교와 비교해서 우리 기독교에는 어떤 차이가 있는가? 그것은 기독교만이 고도의 윤리성과 사회성과 역사성이 있다는 것이다. 무속에는 윤리성이나 사회성이나 역사성이 없다. 다른 종교에는 윤리성이나 사회성이나 역사성이 있다 해도, 기독교에 미치지 못한다.

그리스도인은 이웃과 사회와 역사에 대해 책임적인 존재이다. 그리스도인은 하나님께로부터 책임적인 존재로 부름을 받았다. 아브라함이 그렇게 부름을 받았고, 이스라엘이 그렇게 형성되었으며, 교회가 그렇게 세워졌다.

그러나 오늘의 교회 실상은 사회와 역사 앞에 책임적 존재이기를 포기하고, 달팽이처럼 개인적 육신생활에 안일하게 안주하려 하고 있다. 그리고 나팔을 불어 책임적 존재임을 깨우쳐야 할 지도자들도 그 나팔 불기를 기피하고 있다.

하지만 분명히 알아야 할 것은 진통제로는 근본적인 질병을 치유할 수 없다는 지극히 평범한 진리이다. 병약자를 건강케 하려면 고통스러워도 수술을 해야 하며, 억지로 입을 벌려서라도 쓴 약을 먹여야 한다. 교회와 성도가 제 구실을 하려면 강대상이 예수님과 가까워지도록 기도하며 힘써야 한다.

나 혼자만이라도 맑은 샘물 되어

이같이 너희 빛이 사람 앞에서 비치게 하여 그들로 너희 착한 행실을 보고 하늘에 계신 너희 아버지께 영광을 돌리게 하라(마 5:16)

"악화가 양화를 구축한다."는 말은 경제이론에서 사용되는 말이다. 경제 밖에서는 일반적으로 악한 것이 선한 것을 몰아낸다는 뜻으로 사용되고 있다. 다른 말로 표현하면, 선한 것이 악한 것에 밀려난다고도 할 수 있겠다. 실제로 세상의 구조가 선한 자는 발을 붙일 수 없게끔 악이 깊이 뿌리를 내리고 있다. 악이 득세하는 세상이다.

아담이 범죄한 이후로 악이 득세해 온 것은 틀림없는 사실이다. 그러나 또한 선이 승리해 온 것도 사실이다. 악은 승리하는 것 같이 보일 뿐 종국에는 패하고 마는 것을 성경의 역사나 교회사나 일반 역사를 통해서 잘 알 수 있다. 따라서 악의 편에 섰던 사람들은 악과 함께 득세하는 것 같이 보였다가 악과 함께 패하는 것을 볼 수 있다.

그러므로 명백한 것은, 당장은 악의 세력에 대항하기에는 너무도 벅

차고 힘겨운 일이라 할지라도 끝까지 선의 편에서 고독한 싸움을 싸워나가면, 마침내 승리의 기쁨을 얻게 된다는 것이다. "다들 그렇게 하는데??", "좋은 게 좋은 것 아닌가", "혼자 난 체 해봐야 손해만 볼 거야." "버티어 봤자 소용없어." 이런 생각들은 자신뿐 아니라 모두를 망하게 하는 마귀의 생각이다. 우리 성도만이라도 이렇게 생각하고 살아가자. "나 혼자만이라도 의롭고 선하게 살아가리라. 승리의 길은 멀고도 험하고 고독하지만 끝까지 싸우며 전진하리라."

이렇게 살아가는 성도는 결단코 혼자가 아님을 기억하시라. 우리 주님이 함께하고 계신다. 아무리 더러운 웅덩이라도 바늘구멍만한 물줄기로 맑은 물이 흘러든다면 그 웅덩이는 마침내 맑아진다. 그러나 아무리 풀장 가득 일급수의 맑은 물로 가득 채워놓아도 고여 있기만 한다면 그 물은 곧 썩어서 고약한 냄새를 풍기게 된다.

이 세상이 아무리 불의와 부정으로 탁해 있다 해도 성도 한 사람 한 사람이 자신이 속한 공동체에서 한 줄기 샘물로 존재한다면 그 공동체, 그 사회는 마침내 정의로워질 것이다. 나 혼자만이라도 바로 그 한 줄기의 샘물이 되어 거기 머물러 있으라.

삯군 목사라도 되라

인자가 아버지의 영광으로 그 천사들과 함께 오리니 그 때
에 각 사람이 행한 대로 갚으리라(마 16:27)

교역자를 위한 한 세미나에서 세미나를 시작하기 전 개강예배를 드
렸다. 신앙과 학식과 덕망 있는 교계의 원로요, 목회자들의 존경을 받는
목사님께서 하나님의 말씀을 전해주셨다. 목사님은 강단에 올라 회중을
둘러보더니 느닷없이 "여러분, 삯군 목사가 되시오." 하는 것이었다. 너
무나 뜻밖의 말씀에 모두들 의아해서 원로목사님의 입을 주시하면서 다
음에 나올 말을 기다렸다. 짧은 시간이지만 긴장된 순간이었다. 누구나
선한 목자가 되기를 원하지 삯군 목자가 되기를 바라는 목사가 어디 있
겠는가. 그런데 느닷없이 "삯군 목사가 되라."고 하니 당황하고 아연실
색할 수밖에…….

원로목사님께서는 말씀을 이어갔다. "삯군은 삯을 받고 삯만큼 일하
는 사람입니다. 목사는 물론 선한 목자가 되어야 하지만, 오늘날 선한

목자는 고사하고 삯군 목자도 되지 못하는 목사들이 많습니다. 삯군 목사는 선한 목사만은 못하지만, 그래도 삯을 받은 만큼은 양심적으로 일하지요. 월 50만 원을 받는다면 50만 원을 받는 만큼은 일한다는 말입니다. 그러나 50만 원, 100만 원, 혹은 그 이상의 높은 사례비를 받는 것을 자랑하면서도 받는 몫만큼도 일하지 않는 강도 같은 목사도 있습니다. 그러므로 여러분은 선한 목자는 되지 못한다 할지라도 최소한 삯군 목사라도 되십시오. 강도 같은 목사가 되어서는 결코 안 될 것입니다."

원로목사님의 말씀이 계속되는 동안 장내는 숙연해졌다. 나 역시 뒤통수를 한 대 얻어맞은 것처럼 큰 충격을 받았다. 그동안 나의 사역은 어떠했던가? 하나님 앞에 죄스럽고 송구스러움을 금할 길이 없다. 양을 위해 목숨을 버리겠다는(요 10:14, 15) 일념으로 양떼의 형편을 부지런히 살피며, 소떼에 마음을 두고(잠 27:23) 부지런하여 게으르지 말고 열심을 품고 주를 섬겨야 하는데(롬 12:11) 불성실하고 태만했던 자신이 그렇게 죄스럽고 부끄러울 수가 없었다.

크게 회개하고, 감히 선한 목사는 엄두도 못 내고 삯군 목사만이라도 되려고 몸부림치지만, 여전히 하나님 앞에 무릎을 꿇을 때마다 고백한다. "주여! 저는 삯군 목사도 되지 못합니다. 강도 같은 놈입니다. 날강도 같은 놈입니다. 저를 긍휼히 여기소서." 오늘도 선한 목자를 소원하지만 삯군 목사라도 되어 보려고 최선을 다해 경주장의 운동선수처럼 달려갈 길을 달려 보려고 안간힘을 해본다.

동지들이여! 주의 일에 게으르고 태만했다 생각되는 이들이여! 삯군 목사라도 되어 보라.

하나님 어전생활(御前生活)

내가 주의 영을 떠나 어디로 가며 주의 앞에서 어디로 피
하리이까 내가 하늘에 올라갈지라도 거기 계시며 스올에
내 자리를 펼지라도 거기 계시니이다(시 139:7~8)

그리스도인은 하나님을 만왕의 왕으로 알고 섬기며 또 그렇게 믿고
고백한다. 그런데 문제가 있다. 예배당이나 기도하는 시간, 그리고 다른
성도들 앞에서는 하나님을 진실하게 섬기는 사람처럼 거룩한 모습을 하
다가도, 예배당을 벗어나거나 기도시간을 벗어나면 그리고 성도들의 눈
길이 닿지 않는 곳에 머물게 되면 전연 하나님과 관계없는 사람처럼 말
하고 행동한다는 것이다. 가증된 생활이 아닐 수 없다.

하나님은 거짓을 가장 싫어하시며, 진실을 가장 기뻐하신다. 진실은
생각과 말과 행동이 언제 어디서나 한결같은 것을 말한다. 이러한 진실
된 삶은 철두철미하게 어전의식을 가질 때 비로소 가능하다. 세상 임금
은 시간과 공간의 제한을 받지만, 만왕의 왕이신 하나님은 시간과 공간
의 제한을 받지 않으신다. 그래서 성경에 말씀하시길 온 우주가 하나님

이 거하시는 성전이요, 하나님의 신은 온 천지에 충만하다고 했다. 그렇기 때문에 아무도 하나님의 낯을 피할 수 없고, 아무도 하나님 앞에 자신을 숨길 수 없다. 하나님은 어느 곳에나 계실 뿐 아니라 인간의 심장 폐부를 감찰하시고 모든 생각과 계획을 알고 계시기 때문이다.

하나님을 충심으로 공경한 요셉은 하나님이 어떠한 분이신가를 바로 알았기에 철두철미 어전의식을 가지고 언제 어디서나 진실하게 생활했다. 요셉이 애굽으로 팔려가 바로의 시위대장 보디발의 노예가 되었을 때 음란한 보디발의 부인이 요셉을 끈질기게 유혹했지만, 그는 보디발의 부인에게 단호하게 말했다. "우리를 보는 사람의 눈은 없지만 하나님께서 우리를 보고 계신데, 제가 어떻게 하나님 앞에서 득죄할 수 있겠습니까?" 평소에 철두철미하게 하나님 어전의식을 가지고 생활했기에 유혹을 물리치고 승리의 삶을 살 수 있었던 것이다.

신기독!(愼其獨) 홀로 있을 때를 삼가라는 말이다. 그런데 대체로 주변에 사람이 있을 때에는 자기 절제를 그런대로 하지만, 홀로 있을 때는 자기 관리를 못하거나 소홀히 하는 것을 본다. 그러나 이는 좋은 교훈이지만 진실한 삶의 절대적 척도는 되지 못한다. 진실한 삶은 철두철미 하나님 어전의식을 가질 때에만 가능하다. 문을 겹겹이 닫은 골방 안에도 하나님은 계시고, 사람의 흔적을 찾을 수 없는 심산유곡이나 광활한 벌판에도 하나님은 계신다.

1,200만 한국 그리스도인이 모두가 하나님 어전생활을 한다면 우리 대한민국의 복음화는 훨씬 앞당겨질 것이다. 당신 있는 그곳이 바로 하나님 어전(御前)임을 명심하라.

게을리 해서는 안 될 고행

무리와 제자들을 불러 이르시되 누구든지 나를 따라오려
거든 자기를 부인하고 자기 십자가를 지고 나를 따를 것이
니라(막 8:34)

고행은 승려나 수녀 그리고 수도자들의 전유물이 아니다. 그리스도 예수를 따르는 성도들도 고행에 힘써야 한다. 고행 하면 육체에 고통을 줌으로 심령을 맑게 하는 것이다. 곧 단식을 한다든지, 잠을 자지 않고 면벽결가부좌 한다든지, 거친 자갈 위에 몸을 뒹군다든지, 뜨거운 햇볕 아래서 목마름을 참는다든지, 거친 음식과 거친 잠자리를 갖는다든지, 탁발문전걸식을 한다든지, 침묵하며 중노동을 하는 등 각양의 고행의 모습을 떠올린다.

그러나 그보다 더 중요하고, 그렇기 때문에 더욱 힘써야 할 고행이 있다. 그것은 낮아짐이요, 가난해짐이요, 비천해짐이다. 높고 넓은 지식을 갖추었어도, 누구보다 많은 재물을 지녔어도, 귀한 신분의 자리에 있어도 주의 영광과 이웃의 유익을 위해서, 그리고 무엇보다도 온 천하보

다 귀한 한 영혼의 구원을 위해서 스스로 낮아지고 가난해지고 비천해지려는 일은 고행 중의 고행이다. 마음먹은 대로 쉽게 행할 수 있는 일이 아니기 때문이다. 육체에 고통을 주는 그 어떤 고행을 한다 해도 그렇게 쉽게 낮아지거나 가난해지거나 비천해지지 않는다. 그러나 이 일은 반드시 성취해야 할 일이기에 고통스러운 일이다.

예수 그리스도는 우리를 위해 스스로 낮아지고, 가난해지고, 비천해지심으로 말미암아 성도의 바른 삶의 모습을 보여 주셨다. 그리고 성도들에게 그의 길을 따르라고 말씀하셨다. 그러나 대부분의 성도들이 예수 그리스도의 길을 따르지 않는다. 높아지려는 욕망, 부해지려는 욕망, 존귀해지려는 욕망에 자신을 내어 맡긴 채 속인과 다름없는 삶을 살고 있다. 그래서 이 욕망과 욕망이 부딪히면서 가정도 요란해지고, 사회도 시끄러워지며, 교회도 어지러워지는 것이다.

마음의 고요와 가정과 사회 그리고 교회의 평안과 화평을 이루려면 높아지려는 욕망, 부해지려는 욕망, 존귀해지려는 욕망을 다스려서 더욱 낮아지고, 더욱 가난해지고, 더욱 비천해지려는 고행을 게을리 해서는 안 된다. 주님 가신 길은 힘들고 어려운 좁은 길이다. 그래서 사람들은 이 길을 따르기를 망설이고 주저한다. 그러나 이 길이 마침내 참 복을 누리는 길임을 명심해야 한다. 겸손, 청빈, 비천은 그리스도인의 완덕에 이르는 향기로운 고행의 덕목이다. 부지런히 이를 실행하자.

자기 자리를 지키라

내가 곧 길이요 진리요 생명이니 나로 말미암지 않고는 아버지께로 올 자가 없느니라 (요 14:6)

지금 지구촌 특별히 한국은 무질서와 혼란의 어지러움 병에 시달리고 있다. 어떻게 건강한 지구촌, 건강한 한국을 만들 수 있을까? 병을 치료하려면 진단과 처방을 바로 해야 한다. 오늘 이 시대의 어지러움 병의 원인은 모두가 자기 자리를 떠났기 때문이다. 그러므로 처방은 간단하다. 자기 자리로 돌아가 자기 자리를 지키면 된다.

창세기에 보면, 창조주 하나님을 가장 측근에서 섬기며 천사들을 관리하던 천사장 루시퍼가 감히 하나님 자리를 넘보며 자기 자리를 떠난 데서부터 피조세계에 무질서와 혼란이 왔다. 루시퍼는 사탄이 되어 아담과 하와를 유혹하고 그들이 지켜야 할 자리를 떠나게 했다.

인간 역시 하나님을 경외하고 순종하며 영광과 찬양을 돌려야 할 자리를 떠남으로 인간 역사는 혼란해지기 시작하였다. 형이 동생을 때려 죽이고, 시부가 자부를 폭행하는가 하면, 딸이 아버지를 폭행하는 패륜을 서슴지 않는다. 적대, 투기, 증오, 불안, 공포, 슬픔, 고뇌, 발광 등은 인간이 마땅히 지켜야 할 자리를 떠난 결과로 생긴 불가피한 현상이다.

좀 더 구체적으로 말하면 정치인이 정치가의 자리를 떠났기에, 학생은 학생의 자리를 떠났기에 사회에 혼란이 오고, 부모가 부모의 자리를 떠났기에 자식이 젖 떨어진 강아지 같이 행동하는 것이다. 경영인이 경영자의 자리를 떠났기에 근로자가 경영자의 자리를 강탈하고, 영적 지도자가 지도자의 자리를 떠났기에 너도 나도 지도자연 함으로 종교계도 혼란한 것이다.

처방은 오직 하나밖에 없다. 모두가 본래의 자리로 돌아가는 것뿐이다. 인간의 본래 자리란 하나님을 경외하는 자리이다. 정치인도, 경영인도, 학생도, 근로자도, 부모도, 자식도, 목사도, 평신도도 모두가 자기 자리를 지키면 이 사회는 치유되어 건강한 사회가 될 수 있다. 죄가 무엇인가? 자기 자리를 떠난 것이다. 죄가 있는 곳에 평안이 있을 수 없다. 그러므로 진정 평안한 세상, 평안한 삶을 원한다면 죄를 해결해야 하고, 죄의 해결은 각기 자기 자리를 찾아 돌아가 자기 자리를 지킬 때 해결된다.

그런데 중요한 것은 근본적인 자리 곧 인간이 하나님을 경외하는 자리로 먼저 돌아가지 않고는 다른 자리를 지킬 수 없다는 것이다. 인간의 본래 자리로 돌아가는 길은 오직 예수 그리스도밖에 없다. 그래서 오직 예수만이 온 인류의 유일한 소망인 것이다.

'노모' 콤플렉스

실족하게 하는 일이 없을 수는 없으나 실족하게 하는 그
사람에게는 화가 있도다(마 18:7b)

　목사가 스트레스를 받는다고 하면 은혜 없는 육에 속한 목사라고 속
단하기 쉬우나, 목사도 또 다른 차원에서 스트레스를 받는다. 내게 감당
하기 벅찬 스트레스는 '노모 콤플렉스'이다. '노모'란 노아와 모세의 머
리글을 따서 내가 만든 조어(造語)이다. 창세기에 보면, 노아가 포도주에
취해서 벌거벗고 누워 있고, 이를 본 함이 노아의 흉한 꼴을 비방하며
다니는 아름답지 못한 장면이 그려져 있다. 술에서 깬 노아가 함의 행위
를 괘씸하게 여겨 하나님께 함의 저주를 기원하고 이로 인해 함과 그의
후손이 저주스러운 존재로 살아가게 된다. 또 민수기에 보면, 구스 여인
을 취한 모세를 비방했다가 그 누이 미리암이 하나님의 진노를 사서 문
둥병에 걸리고, 이를 두려워한 아론의 요청으로 모세가 하나님께 미리
암을 위해 기도하자 일주일 만에 회복되어 회중들과 함께 지내게 된다.

이러한 사건을 통해서 나는 이웃의 허물이 사실이라 할지라도 그것을 비방하는 것은 하나님을 노엽게 하는 것이요 저주받을 일이므로 이웃의 허물을 비방해서는 안 된다고 가르치고 배워왔다. 사건이 주는 암시적 교훈이 아니라, 성경의 실제적 가르침이 그러했다(롬 14:4, 마 7:1~5). 그 이웃이 '주의 종' 일 때에는 더욱 두려운 것으로 생각하라고 했다.

그러나 나는 노아와 모세의 입장에서 목사로서의 나 자신을 늘 생각한다. 생각해 보라. 노아가 술에 취해 벌거벗고 누워 있지 않았다면 함이 노아를 비방하였겠는가? 미리암 역시 모세가 구스 여인을 취하지 않았다면 모세를 비방할 리가 있었겠는가? 노아나 모세의 실수와 허물이 함과 미리암에게 비방의 죄를 범하는 기회를 준 셈이다.

"나의 실수와 허물로 인하여 성도들에게 주의 종을 비방하는 기회를 제공함으로 하나님을 노엽게 하면 어떻게 하나?" 이런 생각이 언제나 나를 짓누른다. 사람이 어떻게 모든 면에 완벽할 수 있겠는가. 나름으로는 최선을 다해서 비방거리를 만들지 않으려고 노력하지만, 때로는 미숙한 나의 언행이나 부족한 생활로 하여 실망하는 성도도 있고 상처받는 성도도 있을 것이라 생각하면 하나님 앞에 두렵고 떨리는 마음을 금할 길 없다. 그리고 성도들 앞에서도 늘 부끄럽기만 하다.

성도들이여! 나를 통하여 들려주시는 하나님의 진리의 말씀을 그대로 받으라. 그러나 나의 잘못된 언행과 생활은 본받지 말라. 다만 사랑으로 용납하고 더 많이 기도해 줄 것을 염치없이 부탁한다. 하나님은 여러분의 사랑의 기도를 반드시 갚아주신다. "오, 하나님! 더욱 일깨워 주소서. 온전케 하소서. 연체동물보다 더 연약한 존재이오니 나를 긍휼히 여기소서."

제2장

서로에게 복되고
자랑스러운 만남이 되라

짧은 인생, 짧은 만남이지만,
서로가 좋은 기억만 떠올릴 수 있도록
좋은 추억거리를 만들어가는 일에 최선을 다하는 것이
지혜로운 삶의 자세가 아닐까?
특별히 주 안에서 만났으므로 서로에게 복되고
자랑스러운 만남이 되어야 하지 않을까?

같은 방향을 보며 화합하는 지혜를

두 사람이 뜻이 같지 않은데 어찌 동행하겠으며(암 3:3)

참 피곤한 세상이다. 어느 곳이든 사람들이 모이는 곳이면 서로 비교하고 평가하고 차등대우를 한다. 자신들이 그런 분위기를 만들어 놓고는 오히려 그 때문에 스트레스 받아 못살겠다고 아우성이다.

우열을 가리고 차등대우 하는 분위기에서 자유롭기를 원하는가? 그렇다면 당신이 먼저 힘겨루기를 포기하라. 마주 보며 힘겨루기를 하는 한 결단코 행복한 인생을 누릴 수 없다. 마주 보며 힘겨루기를 하면 서로가 상처만 입고, 끝내는 불행하게 된다. 같은 방향을 보고 힘을 합해야만 생산적이고 건설적인 삶, 건강하고 행복한 삶을 살게 된다. 비교해 보아야 난쟁이 키 자랑이요, 도토리 키 재기이다.

그러므로 서로 다름을 인정하는 것이 지혜이다. 각자의 몫이 다르고 각기 행할 역할이 다르므로 이 같은 다름을 인정하면 마음이 평안해진다. 서로 견제하는 것이 아니라, 서로 존중하게 되고 협력하게 된다. 서로 다름을 인정하지 않고 비교하면 서로 견주게 되고, 견주다 보면 서로 갈등하며 쟁투하게 되므로 피곤한 인생을 살게 되는 것이다.

하나님 앞에 서면 우리 모두는 한계성의 존재요, 무력한 존재요, 불완전한 존재임을 인정하게 된다. 그러나 하나님께서는 우리를 보배롭게 보시고, 존귀하게 여기시며, 우리를 사랑하신다(사 43:4). 때문에 서로 마주보고 힘을 겨룰 것이 아니라, 함께 하나님께서 가리키시는 손가락 방향을 보며 힘을 합해 하나님의 뜻을 이루어가야 한다.

성도가 누구인가? 하나님의 뜻을 이 땅에 이루도록 부름 받은 사람들이 아닌가. 뜻을 같이 하는 사람들이다. 그래서 동지인 것이다. 동지는 마주 보고 힘을 겨루는 사이가 아니라, 같은 방향을 보면서 힘을 합해 전진해 나가는 사이이다. 난쟁이끼리 마주 보고 키 자랑하는 곳에는 행복이 없다. 즐거움이 없고 재미가 없다. 그러나 난쟁이끼리도 같은 곳을 보면서 힘을 모으면 그곳에 행복이 있다. 즐겁고 재미가 있다.

여러분은 지금 어떤 모습으로 거기 머물러 있는가? 마주 보며 힘을 겨루고 있는가? 아니면 같은 방향을 보며 힘을 합해 나아가고 있는가? 난쟁이 키 자랑은 이제 그만 하는 것이 어떨까?

좋은 추억거리를 남겨놓는 삶

너희가 우리를 부분적으로 알았으나 우리 주 예수의 날에
는 너희가 우리의 자랑이 되고 우리가 너희의 자랑이 되는
그것이라(고후 1:14)

주검 앞에서 삶과 죽음을 생각해 본다. 죽음은 단순히 삶의 정지나
멈춤을 말하는 것이 아니다. 한 사람의 죽음은 그 사람의 응축된 삶을
말해주고, 또 그 사람의 살아생전 모습을 떠올리면 그 사람의 죽음의 질
을 예견하게 된다.

성경에 보면 '아벨'은 죽어서도 그의 아름다웠던 믿음의 삶이 후대
에까지 소개되고 있다(히 11:4). 그의 건강한 삶이 죽어서도 많은 사람들
에게 선한 영향을 주고 있는 것이다. 바울 서신말미에 보면 바울과 관련
된 많은 사람이 소개되어 있다. 브리스길라와 아굴라 부부는 사도 바울
뿐 아니라 복음 사역자들을 목숨까지 내놓을 정도로 극진히 섬기며 복
음 사역에 헌신하였다(롬 16:3~4). 이런 분들은 좋은 모습으로 기억되고
죽어서도 은혜를 끼치는 분들이다. 그러나 구리세공업자 알렉산더는 많

은 해를 입힌 사람으로 소개되면서 그를 조심하라고 당부까지 하고 있다(딤후 4:14~15). 이런 사람은 좋지 않은 모습으로 기억되고 죽어서도 불쾌감을 갖게 하는 사람이다.

오래 전 일이다. 교계에서 존경받는 목사님이 계셨다. 지금은 원로목사님으로 계신 그분의 설교를 듣고 큰 감명을 받은 기억이 난다. 그분에게는 한 가지 소원이 있는데 그 소원이란 "죽어서도 설교하는 목사가 되는 것"이다. 많은 사람들이 자신의 묘소 앞을 지날 때에 자신의 삶을 기억하면서 은혜 받게 하는 삶을 살고 싶다고 했다. 이렇게 담대하게 말하는 것을 보면 그분은 정말 하늘을 우러러 한 점 부끄러움이 없는 삶을 살아가는 것 같아 감명도 받고 부럽기도 했다.

당신은 어떤가? 지금 죽음이 당신 앞에 이르렀고, 그리하여 많은 사람 앞에 주검으로 누워 있게 된다면 당신과 관계를 맺었던 사람들이 당신을 어떻게 기억하리라고 생각되는가? 인생은 짧고 서로의 만남은 더욱 짧다. 짧은 인생, 짧은 만남이지만, 서로가 좋은 기억만 떠올릴 수 있도록 좋은 추억거리를 만들어가는 일에 최선을 다하는 것이 지혜로운 삶의 자세가 아닐까? 특별히 주 안에서 이루어진 만남이라면, 주 안에서 만났으므로 서로에게 복되고 자랑스러운 만남이 되어야 하지 않을까?

세상을 변화시키는 마중물

그러므로 무엇이든지 남에게 대접을 받고자 하는 대로 너
희도 남을 대접하라 이것이 율법이요 선지자니라(마 7:12)

지금은 그 어느 때보다도 포근한 정이 아쉬운 시대이다. 종말의 시대에는 사람들의 마음이 강퍅해져서 무정하고, 사납고, 감사할 줄 모르고, 원통한 것을 풀지 않는다고 했다. 그리고 극단의 이기주의와 배금주의, 그리고 교만 때문에 서로 갈등하고 쟁투하는 살벌한 세상이 될 것이라고 했다.

오늘날의 실태를 보면, 날로 심화되고 있는 정서고갈로 인해 사람들의 마음은 급속도로 사막화해 가고 있다. 참으로 안타깝고 답답한 일이 아닐 수 없다. 진정 녹색 세상으로의 회생의 길은 전혀 없는 것일까?

아니다. 처방전은 이미 나와 있다. 정오의 햇살 아래 반짝이는 마지막 남은 풀잎에 매달린 이슬 같은 당신이 바로 그 처방전이다. 그리스도인인 당신은 예수님의 사랑을 품고 사는 자이다. 예수님은 말씀하셨다. 예

수께로부터 받은 사랑을 품고 있지만 말고, 이웃들에게 부지런히 나누며 베풀라고 하신다. 베풀고 나누되 '네가 먼저' 나누고 베풀라고 하신다. 다른 사람이 아닌 바로 '네가 먼저' 하라고 말씀하신다.

어린아이와 개는 괴는 데로 간다. 자기를 귀여워해 주고 사랑해 주는 사람을 좋아하고 따르는 것이다. 가는 정이 있으니까 오는 정이 있는 것이다. 가는 말이 고우면 오는 말도 곱다. 그래서 '아' 다르고 '어' 다르다고 하는 것이다.

포근한 정을 담은 소리는 봄날에 굳은 땅을 치솟고 올라오는 새순처럼 삶에 활력을 불어넣어 줌으로 기운이 솟게 한다. 그러므로 삭막하고 비정한 세상이라고 탄식만 할 것이 아니라, 나에게 있는 한 방울 이슬 같은 십자가의 사랑을 당신이 먼저 이웃에게 나누고 베풀어 보라. 그리하면 포근한 십자가의 사랑이 되돌아와서 메말라 가는 당신의 마음도 촉촉하게 적셔줄 것이다. 그래서 되로 주고 말로 받는 풍요의 복을 누리게 될 것이다.

생각해 보았는가? 이 세상에서 서로가 먼저 괴는 아름다운 풍속을 만드는 일에 그리스도인인 당신이 마중물 역할을 감당한다면 하나님께서 얼마나 기뻐하시겠는가? 당신이 바로 포근한 정으로 충만한 세상을 이루는 마중물임을 기억하라. 이제 더욱 기독교의 황금률을 따라 살아가기를 힘쓰라. 그리하면 세상은 더 밝아지고, 당신은 보다 건강하고 행복한 삶을 살게 될 것이다.

생달걀인가, 곤달걀인가

아들이 있는 자에게는 생명이 있고 하나님의 아들이 없는 자에게는 생명이 없느니라(요일 5:12)

곤달걀은 부화하지 않는다. 곯아서 생명이 없기 때문입니다. 생달걀만이 부화한다. 생명이 생명을 낳는다. 생명은 하나님의 아들 예수 그리스도이다(요 5:26). 아들이신 예수님을 구주로 믿고 영접하여(요 1:12) 모시고 사는 사람은 생명이 있는 사람이다(요일 5:12). 예수 생명이 있는 자만이 생명의 부활을 하게 된다(요 5:29).

동식물을 막론하고 생명에는 특징이 있다. 호흡을 한다. 움직인다. 번식을 한다. 관계를 갖는다. 향기로운 냄새를 풍긴다. 영의 세계에서 살아가는 예수 생명을 소유한 성도들의 생활도 이와 비슷하다. 호흡 곧 기도생활을 한다. 움직임 곧 봉사하고 충성 헌신한다. 번식 곧 전도하여 신령한 아이를 생산한다. 관계 곧 교회공동체의 일원이 되어 공동체와 함께 움직인다. 향기로운 냄새 곧 매력 있는 삶을 살아간다.

그들은 믿음 안에서 긍정적이고 적극적이어서 범사에 감사하며 밝은 삶을 살아간다. 그리고 불평과 불만, 원망과 증오, 시기와 질투, 다툼이 없다. 언제나 가장 낮은 자리에서 먼저 희생하는 사랑으로 이웃을 섬긴다. 곧 예수 생명을 소유한 그리스도인은 어두운 분위기를 밝은 분위기로, 살맛 없는 분위기를 살맛나는 분위기로 변화시키며 살아간다.

그러나 예수 생명이 없는 사람은 기도생활이 없다. 봉사, 충성, 헌신의 활동도 없다. 전도를 하지 않으므로 신령한 아이를 생산하지 못한다. 언제나 공동체 밖에서 주변 인물로 구경만 한다. 매사에 부정적이어서 감사할 줄도 모르고, 불평불만과 원망, 그리고 시기와 질투, 증오로 말미암아 편 가르기를 하고, 일삼듯 다투며 살아간다. 매력 없는 추한 모습이다. 생명 없는 곤달걀이어서 그렇다.

겉모습은 생달걀이나 곤달걀이나 구별이 되지 않듯이 교회에 다니면 다 교인이라고 불린다. 그러나 때가 되면 생달걀은 어미 품에서 부화하여 생명의 기쁨을 누리게 되지만, 곤달걀은 버려지게 된다. 지금은 때가 찬 시대이다. 당신은 부화할 준비가 되어 있는가? 지금 곧 생명 되신 하나님의 아들 예수 그리스도를 구주로 믿고 영접하라. 예수 생명이 없는 곤달걀은 버림받는 화가 미칠 것이다. 당신은 생달걀인가, 아니면 곤달걀인가? 생달걀만이 부화하게 된다는 것을 명심하라.

사탄의 이간질, 방휼지쟁의 득

만일 서로 물고 먹으면 피차 멸망할까 조심하라(갈 5:15)

도요새가 부리로 조갯살을 물었다. 깜짝 놀란 조개가 조가비를 굳게 닫고 부리를 놓지 않았다. 때마침 지나가던 어부가 이를 보고 둘 다 잡았다. 어떻게 되었을까? 물론 둘 다 어부의 먹이가 되었다. 방휼지쟁(蚌鷸之爭)의 의미이다. 무엇을 교훈하는 것인가? 둘이 싸우는 덕에 제삼자가 이익을 보게 되므로 서로 싸워서 유익할 것이 없다는 교훈이다. 같은 뜻으로 견토지쟁(犬兎之爭), 어부지리(漁夫之利)라는 말도 있다.

사탄의 역사는 갈등과 분리와 분쟁의 역사이다. 그러나 성령의 역사는 평안과 화합과 화평의 역사이다. 예수께서 십자가에서 못 박혀 죽으신 것은 하나님과 사람 사이의 갈등, 사람과 사람 사이의 갈등을 해소하기 위해서이다. 예수께서 화목제물이 되어 죽으심으로 하나님과 사람이 화목하게 되었고, 사람과 사람 사이가 화목하게 되었다. 그러나 사탄은 끊임없이 사람으로 하여금 하나님과 갈등하게 하고, 사람과 사람 사이에 갈등하도록 충동질을 한다. 그리고 개인적으로도 마음속에 갈등하도록 돌팔매질을 한다. 그러므로 사탄의 교활한 전술전략에 속아서는 안된다.

사탄의 계략을 파악하고 물리치는 방법은 무엇인가? 마음에 갈등이 생기고, 집안에 갈등의 기운이 감돌고, 교회에 갈등의 분위기가 엿보이면 사탄의 술책임을 간파하고 그것을 먼저 인지한 사람이 넉넉한 마음으로 상대방을 이해하고 인내하며 받아주라. 그리하면 사탄의 역사는 물러간다. 그러나 갈등의 분위기를 눈치 채지 못하거나 갈등의 분위기를 알고 느끼면서도 서로 자기 입장만을 고집하게 되면, 마침내 큰 충돌이 일어나고 서로 망하게 된다. 사탄은 바로 이러한 것을 노린다. 서로 물고 뜯으며 싸우면 사탄만이 방휼지쟁의 득을 보게 되는 것이다. 그래서 주님께서 말씀하시기를 스스로 분쟁하는 나라마다 황폐하여질 것이요, 스스로 분쟁하는 동네나 집마다 서지 못하리라고 한 것이다.

성도는 피스메이커(peace maker)가 될지언정 트러블메이커(trouble maker)가 되어서는 안 된다. 사탄에게 득이 되는 행위는 이적행위요, 하나님께는 원수가 되는 것이다. 당신은 지금 갈등관계에 있는가, 아니면 화목한 관계에 있는가? 하나님 편에서 화평을 이끌고 있는가, 아니면 사탄 편에서 갈등을 일으키고 있는가? 이제 결단하라. 소속을 분명히 해야 한다.

사랑과 미움의 차이

나는 사랑하나 그들은 도리어 나를 대적하니 나는 기도할
뿐이라(시 109:4)

성경에서는 가장 두드러진 종말 현상으로 많은 사람의 사랑이 식어
지는 것이라고 했다(마 24:12). 그래서 극단의 이기주의에 사로잡혀 감사
할 줄 모르고, 무정하고 사나우며, 조급하고 교만하며, 원통한 것을 풀지
않는다고 했다(딤후 3:1~5). 실제로 하나님을 섬기지 않는 교회 밖의 사회
는 물론이고 하나님을 섬기는 교회 안에서도 사랑하라는 가르침을 가장
많이 듣고 외치지만, 사랑의 홍수 속에 생수 같은 참 사랑의 사람을 찾
기란 그리 쉽지 않다. 그러나 이러한 소리를 들으면 무슨 말을 하느냐,
교회가 얼마나 구제를 많이 하고, 사회봉사활동을 하며, 약자 편에서 인
권운동을 하고 있는지 알지도 못하면서, 교회를 향해 부정적인 비판을
하면 하나님께 벌을 받는다고 항변한다.

그러나 이는 사랑의 본질을 모르는 소치이다. 사랑의 본질은 '받아

줌'이다. 받아줌이 없는 베풂과 섬김은 신앙의 사치이고, 자신을 돋보이려는 신앙의 액세서리일 뿐이다. 십자가에 나타난 인간을 향한 하나님의 사랑을 보라. 하나님의 사랑의 본질은 가난한 자로 부자 되게 하고, 병약하거나 장애 있는 자를 건강하게 하며, 약자의 권익을 보호하는 것이 아니다. 하나님의 사랑의 본질은 인간의 죄와 허물과 실수, 온갖 추하고 모자라는 것을 탓하지 않고 있는 그대로 받아주심이다. 사람들은 마음에 미움을 품고도 웃으면서 베풀고 나누고 섬긴다. 이러한 모습이 사람들에게는 칭찬과 높임을 받을 수 있으나 하나님께는 인정을 받을 수 없다. 하나님께 인정받는 사랑은 나눔과 베풂과 섬김에 앞서 '받아줌'이라는 것을 명심해야 한다.

그러면 사랑과 미움의 차이는 무엇일까? 바로 기도이다. 사랑은 나를 힘들게 하는 이를 위해 기도하게 한다. 그러나 미움은 나를 힘들게 하는 이를 위해 기도하지 못하게 한다. 그러므로 미움이 있다면 기도하지 않음이다. 기도하는데도 미움이 있다면 바른 기도를 하지 않고 있음이다. 무속인들이나 미워하는 이를 해코지하는 기도를 한다. 바른 기도는 자신을 미워하고 괴롭게 하는 이를 위해 긍휼의 은혜를 구하는 것이다.

나누고 베풀고 섬기는 생활을 한다고 해서 나는 사랑의 사람이라고 착각해선 안 된다. 진정 하나님께 인정받는 사랑의 사람이기를 원한다면 당신을 미워하고 힘들게 하는 이를 위해 긍휼의 기도를 드려라. 그리고 모든 것을 받아들이라. 이것이 사랑이다. 바른 기도를 하는 사람은 결코 미움이 둥지를 틀고 머물게 할 수 없다. 당신은 사랑의 사람인가, 미움의 사람인가? 하나님은 사랑의 사람의 손을 높이 들어주신다. 곧 사랑의 사람을 승리자로 인정하시고 큰 복과 큰 상으로 갚아주신다.

큰 감동 긴 여운으로 기록될
아름다운 사람

형제들이 와서 네게 있는 진리를 증언하되 네가 진리 안에
서 행한다 하니 내가 심히 기뻐하노라 내가 내 자녀들이
진리 안에서 행한다 함을 듣는 것보다 더 기쁜 일이 없도
다(요삼 3~4)

지난 효도관광 때였다. 1호차에서 어르신네들을 즐겁게 모시려는 여
흥의 시간에 있었다. 사회를 보던 권사님이 도우미로 참여한 젊은 남자
집사님을 가리키며 마이크 앞으로 나와 어르신들을 즐겁게 해 드리라고
했다. 그 젊은 집사는 왕 같은 사회자의 말에 순종해서 앞으로 나왔고,
자기소개를 하면서 도우미로 참여하게 된 동기를 차분하게 설명했다.

그는 우리 교회 사회봉사부장으로 수고하시는 장로님으로부터 이번
효도관광에 도우미로 참여해 달라는 부탁을 받았다고 한다. 그는 치과
의사이고 병원장이다. 이미 정해진 스케줄이 있는 터라 그런 부탁을 받
자 하나님께 여쭈어 보라는 목사님의 설교가 떠올랐고, 그래서 이를 받
아들일 것인지 거절할 것인지를 주권자이신 하나님께 여쭈어 보았단다.
그때 주님께서 들려주시는 음성이 "이번 효도관광에 네 시간이 필요하

니 주저 말고 참여하거라."고 하셔서 "아멘."하고 순종해서 '제가 여기 이렇게 서게 되었노라' 고 하는 것이었다.

그 말을 듣는 순간 나는 크게 감동이 되었다. 내가 섬기는 성도 중에 강단에서 선포된 말씀을 그대로 실생활에 적용해서 생활해 가는 성도가 있음을 바로 눈앞에서 확인하게 된 것이다. 그러면서 목회의 보람, 말씀 사역자로서의 보람을 다시 한 번 진하게 느꼈다.

그렇다. 하나님은 말씀이시다. 예수님은 말씀이 육신이 되어 오신 하나님이시다. 성경은 기록된 말씀이다. 설교는 선포된 말씀이다. 성도는 말씀을 받은 자로서 구체적인 자신의 삶의 현장에서 '움직이는 말씀' 으로 살아가는 사람들이다. 성도들이 삶의 현장에서 움직이는 말씀으로 살아갈 때에 어두운 세상은 밝은 세상으로 변화되고, 살맛 없는 세상이 살맛 나는 세상으로 변화되는 것이다. 그리고 자신은 존경과 사랑을 받게 되고, 하나님께는 큰 영광을 돌리게 되는 것이다.

목회자의 기쁨은 바로 성도들이 자신의 삶의 현장에서 움직이는 말씀으로 살아가는 모습을 보는 것이고, 그 같은 소문을 전해 듣는 것이다. 하나님께서 기뻐하실 것은 말할 것도 없다. 이 기쁨지수와 행복지수가 계속 상승될 것을 기대해 본다. 바로 당신이 큰 감동 긴 여운으로 기록될 아름다운 이야기를 계속 엮어가는 주인공이 되지 않겠는가?

그 이후의 삶

그가 우리를 위하여 목숨을 버리셨으니 우리가 이로써 사
랑을 알고 우리도 형제들을 위하여 목숨을 버리는 것이 마
땅하니라(요일 3:16)

근자에 개교회나 연합행사 등 크고 작은 행사에 참석하면서 여러 목
사님들의 설교를 듣게 되었다. 선포된 말씀은 모두 은혜로웠고, 성도들
은 은혜를 받고 좋아했다. 그런데 왠지 마음이 허전했다. 참 아쉽다는
생각과 함께 교회의 앞날이 염려스러웠다.

개교회 행사에서는 이삭이 하나님으로부터 백배의 축복을 받은 사건
을 전하면서 이삭처럼 복을 받으려면 복종의 비밀, 기도의 비밀을 알아
야 하고, 축복의 지경이 넓어지는 비전을 끊임없이 가져야 한다고 힘주
어 강조했다. 그리고 연합행사에서는 야곱이 받아 누린 완전한 축복을
받으라면서 축복을 받을 때까지 야곱처럼 끈질기게 기도하라고 말했다.
모두 "아멘"으로 화답했고 시종 은혜로운 분위기였다. 그러나 나는 왠
지 허전하고 아쉬운 느낌을 지울 수 없었다. 왜냐하면 왜 축복을 받아야

하는지에 대한 동기와 목적, 그리고 축복을 받은 이후의 삶에 대해서는 전혀 언급하지 않았기 때문이다. 더욱이 말씀을 선포하신 분들이 교단과 교계의 신앙을 진두지휘하는 큰 분들이었기 때문에 교회의 앞날이 더욱 염려스러웠다.

주지하는 대로 오늘의 시대는 예측불허의 위기상황에 처해 있다. 정치, 경제, 사회, 문화, 교육, 도덕, 종교, 환경 및 생태계에 이르기까지 지구촌은 지금 그로기(groggy) 상태이고, 어느 순간 KO패 당하여 눕게 될지 모르는 절박한 상황이다. 이삭의 축복도 야곱의 축복도 전해야 하지만, 무엇보다도 먼저 말씀으로 이 시대를 정확하게 진단하고 바르게 처방해서 교회로 하여금 이 시대를 감당할 건강한 교회로 세우는 것이 급선무이다. 나는 그분들에게서 역사의 나아갈 방향 제시와 교회의 역할에 대한 언급을 기대했으나, 시종 축복받으라는 회중들의 입맛에 맞는 메시지만 들렸기에 왠지 허전하고 아쉽고 앞날이 염려스럽게 느껴진 것이다. 말씀을 전하는 분들의 무게가 컸기에 기대도 그만큼 컸던 모양이다.

이제는 정말 축복의 늪에서 허우적대는 안타까운 모습에서 벗어나야 하겠다. 축복은 받아야 한다. 그러나 그 이후에도 받은 축복을 누리는 것에 머물러 있다면 무속인과 조금도 다를 바 없다는 것을 잊어서는 안 된다. 구원받은 그 이후에는 성화의 삶이 있어야 한다. 만남 그 이후에는 건강하고 행복한 만남을 지속적으로 엮어가야 한다. 은혜 받은 그 이후에는 빛과 소금으로 살아가야 한다. 그리고 축복 받은 그 이후에는 하나님의 뜻을 이루기 위해 베풀고 나누는 희생의 섬김이 있어야 한다.

주님과 나누는 사랑의 밀어

우리 하나님 여호와께서 우리가 그에게 기도할 때마다 우리에게 가까이 하심과 같이 그 신이 가까이 함을 얻은 큰 나라가 어디 있느냐(신 4:7)

종말의 시대를 살아가는 성도들에게 무엇보다 절실한 것은 기도이다. 사탄은 어느 시대에나 역사했지만, 지금은 자신이 활동할 수 있는 시기가 얼마 남지 않은 줄을 알고 어느 때보다 강력하게 도전해 오고 있기 때문이다. 잠시라도 방심하면 마귀에게 치명적인 상처를 입게 되고 생명까지도 위태롭게 된다. 그래서 잠자지 말고 깨어 근신하며 기도하라고 한 것이다.

기도는 노를 젓는 것과 같다. 노 젓기를 멈추면 배가 육지로 되돌아오듯이 기도를 멈추면 육적인 옛 생활로 되돌아가게 된다. 기도는 노동과 같다. 힘들어서 노동과 같은 것이 아니라, 하나님은 기도하는 사람을 통해서 일하기를 기뻐하시기 때문이다. 그러므로 기도는 하나님의 일을 하는 것이다. 기도를 하지 않는 것은 하나님의 일을 방해하는 엄청난 실수를 범하는 것이다.

기도는 호흡과 같다. 호흡하기를 멈추면 끝내는 죽고 말듯이 영혼의 호흡인 기도도 기도하기를 멈추면 답답하고 괴로우며 끝내는 가장 무서운 질병인 영적 불감증에 걸리게 된다. 기도는 방패와 같다. 하나님께서는 기도하는 자를 그의 사자들을 보내어 지켜 주신다. 기도는 파이프와 같다. 기도를 통해서 성령의 기름부음을 충만히 받게 된다. 기도는 천국의 보고를 여는 열쇠이다. 기도를 통해서 필요가 채워지고 사건과 문제를 해결 받게 된다. 기도는 믿음의 뿌리를 깊이 내리게 하는 촉매제이다. 기도로 믿음의 뿌리를 깊이 내린 사람은 어떠한 역경과 환란의 쓰나미나 토네이도가 와도 넘어지지 않는다.

기도는 본질적으로 사랑하는 주님과 대화하는 것이다. 기도는 결코 무엇을 받아내는 도구나 수단이 아니다. 기도는 사랑하는 주님과 사랑의 밀어를 나누는 것이다. 그러는 가운데 성화가 되고, 그러는 가운데 필요를 채워주신다. 사랑은 서로 기뻐하고 즐거워하는 것이므로 사랑하는 주님과 사랑의 밀어를 나누는 기도도 결단코 부담스럽거나 짐스럽지가 않다.

기도하라는 말이 짐이 되고 부담스러운가? 그렇다면 주님을 사랑한다는 당신의 고백은 거짓이다. 거짓이 아니라면 지금 주님을 향한 당신의 사랑은 싸늘하게 식어 있는 것이다. 무엇보다 시급히 회복해야 한다. 세상을 향한 창문을 닫으라. 그리고 주님을 향한 창문만 활짝 열어놓으라. 그리고 세속적인 관심 때문에 주님을 소홀히 했음을 자백하고 다시 주님께 사랑을 고백하고 주님을 환영하라. 당신의 삶은 곧 상쾌하게 될 것이다. 기도는 하나님과의 사랑의 관계와 하나님에 대한 사랑의 농도를 측정하는 바로미터(barometer)이다.

환상의 콤비가 되어

형제들아 내가 우리 주 예수 그리스도의 이름으로 너희를
권하노니 모두가 같은 말을 하고 너희 가운데 분쟁이 없이
같은 마음과 같은 뜻으로 온전히 합하라(고전 1:10)

뜻이 맞고 마음이 통하는 사람들과 함께 가는 여행은 참으로 즐겁고
행복하다. 베일과 장벽이 없는 나심(裸心)이 되어 마음과 마음의 깊은 포
옹으로 서로의 정을 확인하며 교유하는 여행길은 온갖 시름의 먹구름은
다 사라지고 청명한 가을 하늘처럼 마음이 상쾌해진다.

인생여로와 신앙여로에서도 뜻이 맞고 마음이 통하는 동지들과 함께
한다면 일상의 여행에서 느끼는 것보다 더 풍성한 즐거움과 행복을 맛
보게 될 것이다. 역시 누구와의 만남이냐에 따라서 행불행이 결정되는
것 같다. 운동이든 예술이든 정치든 호흡이 잘 맞는 사람끼리 '환상의
콤비'를 이루어 멋지게 연출하면 감격과 감탄의 박수를 아낌없이 보내
게 된다.

성경과 교회사에도 이러한 환상의 콤비들이 있었다. 그들은 하나님

을 영화롭게 하고 큰 은혜의 감동을 오고 오는 세대에 긴 여운으로 남겼다. 사도 바울의 복음사역을 헌신적으로 도운 브리스길라와 아굴라는 복음사역에서 환상의 콤비를 이룬 멋진 부부이다. 여호수아와 갈렙은 긍정적인 믿음으로 좌절과 절망의 늪에 빠져 있는 이스라엘 백성에게 용기를 북돋아 준 환상의 콤비였다. 아론과 훌은 지도자 모세가 피곤하여 지쳐 있을 때에 그를 부축하여 줌으로 아말렉과의 전쟁에서 대승을 거두게 한 환상의 콤비였다. 바울과 실라는 환란과 핍박, 죽음의 위험이 뒤따르는 열악한 환경 속에서도 서로를 격려하며 성공적으로 선교사역을 감당한 환상의 콤비였다.

그러나 오늘의 현실은 어떠한가? 정치 사회적으로나 영적으로 말할 수 없이 혼란하고 어려운 오늘, 누구 하나 책임지려는 사람은 없고 서로 손가락질하면서 비판만을 일삼고 책임을 떠넘기기에 급급하다. 일반 공동체는 말할 것도 없고 신앙공동체인 교회도 예외는 아니다. 이제 한 발씩 물러서야 한다. 그리고 서로에게 먼저 배려해야 한다. 서로 존중하고 이해하고 받아주고 양보하고 협력해야 한다.

그런데 언제나 자존심이라는 아집이 걸림돌이다. 자존심이라는 아집의 너울을 벗어 던지면 나심이 된다. 서로가 나심이 되어 나심과 나심이 만날 때 남은 여정의 여로는 '환상의 콤비'가 되어 즐겁고 행복한 여행을 하게 될 것이다. 지금 여러분의 여정과 여로는 어떤가? 즐겁고 행복한가? 괴롭고 답답한가? 이유는 밖에 있지 않다. 바로 당신 안에 있다. 당신이 먼저 하나님의 말씀 앞에 바로 서면 당신은 누구와도 환상의 콤비가 될 것이다.

당신의 믿음은 어떻습니까?

그러나 인자가 올 때에 세상에서 믿음을 보겠느냐 하시니라(눅 18:8b)

하나님은 믿음의 사람을 기뻐하신다. 때문에 믿음이 없이는 하나님을 기쁘시게 할 수 없다. 그런데 교회에는 믿음이 좋은 사람이 있는가 하면 그렇지 못한 사람도 있다. 그러면 믿음이 좋은 사람은 어떠한 사람일까?

대체로 믿음이 좋다라고 할 때에 몇 가지 기준이 있다. 주일을 성수하는 사람, 십일조를 드리는 사람, 열심히 전도하는 사람, 빠지지 않고 새벽기도를 하는 사람, 성경을 많이 읽고 성경지식이 풍부한 사람, 적극적으로 봉사와 충성을 하는 사람, 성도 사이에서 화목하게 지내는 사람이다. 이런 믿음생활을 하는 사람은 특등 성도, 모범 성도임에 틀림없다.

그러나 과연 그럴까? 아직은 '아니올시다' 이다. 믿음이 좋은 사람이란 삶의 현장에서 범사에 하나님이 주권자이심을 인정하고 하나님의 통치와 지배를 온전하게 받는 사람이다. 위의 내용과 함께 하나님의 자녀답게 말씀대로 살아가는 사람이 바로 성경이 말하는 믿음 좋은 사람이다.

그러나 오늘의 현실은 삶의 현장에서 하나님이 주권자이심을 무시하고 자기 정욕대로 살아가면서도 주일 성수만 하면, 십일조를 드리기만 하면, 새벽기도 생활을 하기만 하면, 전도하기만 하면, 교회의 프로그램에 적극 참여하여 봉사하기만 하면, 그리고 성도 사이에서 화목하고 재미있게 지내기만 하면 믿음 좋은 성도로 평가를 받는다.

그래도 모르겠는가? 많은 성도들이 교회에 모이고 있지만 역사와 사회에는 아무런 영향을 끼치지 못하고, 그렇기 때문에 역사와 사회에 아무런 변화가 일어나지 않고 있는 이유를 아직도 모르겠는가? 이유는 단순하다. 범사에 주권시자이신 하나님을 주권자로 예우해 드리지 않기 때문이다. 이 시대에 교회의 존폐의 위기는 오직 예수님만이 구원자라고 주장하는 독선 때문이 아니라, 하나님을 자신의 삶의 현장에서 주권자로 인정하지 않고 제멋대로 살아가는 자기 본위의 인본주의 교인들 때문이다.

그러므로 무엇보다 중요하고 시급한 것은 하나님 절대주권의 신앙을 회복하는 것이다. 성도들이 자신의 삶에서 보이지 않는 모든 일에서까지 하나님이 주권자이심을 인정하고 내 뜻을 주권자이신 하나님의 뜻에 복종시키는 삶을 살아가는 성도 곧 성경대로의 믿음 좋은 성도가 많아질 때 사회와 역사는 변하고 건강하고 행복한 하나님의 나라가 이루어질 것이다.

당신의 믿음은 어떤가? 믿음이 좋은 성도라고 생각되는가?

일신우일신의 행복한 삶

> 형제들아 나는 아직 내가 잡은 줄로 여기지 아니하고 오직
> 한 일 즉 뒤에 있는 것은 잊어버리고 앞에 있는 것을 잡으
> 려고 푯대를 향하여 그리스도 예수 안에서 하나님이 위에
> 서 부르신 부름의 상을 위하여 달려가노라(빌 3:13~14)

언제부터인가 누웠다가 몸을 일으킬 때, 그리고 앉았다가 일어설 때
에 몸이 무거운 걸 느끼게 된다. 인생의 석양 길에 들어서면 점차 자신
의 몸무게를 더 무겁게 느끼게 된다고 한다. 그러다가 어느 순간 자신의
몸무게를 감당하지 못하고 바닥에 틈새 없이 몸이 닿게 되면 그것으로
인생을 마감하는 것이라고 한다.

"철들자 망령"이라는 말이 실감 난다. "해가 있어야 길을 떠나지."라
는 말도 절실하게 다가온다. 이제 겨우 삶다운 삶이 무엇인지 조금은 알
듯한데, 목회가 무엇인지도 조금은 알 듯한데, 어느덧 인생의 석양 길에
들어서게 되었다. 다부지게 마음먹고 새롭게 시작하려 해도 이미 서산
마루에 걸터앉아 조롱하듯 야릇한 미소를 짓고 있는 해를 보기가 민망
하다. 그만큼 지나온 발자취가 선하고 아름답기보다 부끄럽고 아쉬운

일들로 얼룩져 있기 때문일 것이다. 지우고 싶어도 지울 수 없고 지운다고 해도 지워지지 않는 어두운 흔적들, 그리고 마침내 주님 앞에 설 때에 엄정하게 평가받아야 할 그 흔적들로 인하여 마음은 더 더욱 초조하고 다급해지기만 한다. 그래서 어느 때보다 더 깊이 주님께 긍휼의 은총을 구하며 십자가만을 바라본다. 십자가에서 대속의 죽음을 죽으신 주님의 보혈만이 그 회한의 추한 얼룩을 가려 주고 지워 주고 씻어 주실 것이기 때문이다.

그렇다. 성도는 그리스도 예수와 연합한 자이다. 예수님과 함께 나의 옛 사람은 죽고, 예수님과 함께 새사람이 된 자이다. 그래서 성도의 삶이란 내 안에 주께서 거하시고, 내가 주 안에 거하는 삶을 살아가는 것이다. 곧 '영원 속의 시간, 시간 속의 영원'을 살아가는 것이다. '영원 속의 오늘, 오늘 속의 영원'을 살아가는 성도에게는 나이 듦이란 큰 의미가 없다. 비록 한계가 있는 육체는 어쩔 수 없이 몸무게를 느낀다 해도 영적인 신령한 생활만은 주님의 긍휼의 은총 안에서 일신우일신(日新又日新)의 행복한 삶을 살게 되는 것이다.

성도에게서 석양은 인생의 마감이 아니라 찬란한 영원의 광채이다. 그러므로 나이와 관계없이 시간 속에 낳게 하시고 주님을 만나 영원을 살게 하시는 긍휼의 하나님께 범사에 감사하면서, 육체의 남은 시간을 변함없는 긍휼의 은총 속에서 인도하여 주실 것을 믿고 활기찬 삶을 살아가는 것이 바로 하나님께 영광을 돌리는 건강하고 성숙한 삶의 태도이다.

건강하고 행복한
인간관계를 맺는 비결

그러므로 무엇이든지 남에게 대접을 받고자 하는 대로 너
희도 남을 대접하라 이것이 율법이요 선지자니라(마 7:12)

　　바보가 아닌 다음에야 가치 없는 일에 '다걸기' 하는 사람은 없다.
'다걸기' 할 만한 가치가 있기에 '다걸기' 하는 것이다. 가치도 없는 일
에 자신의 목숨을 내놓는 어리석은 자가 어디 있겠는가. 누구나 가치 있
는 일에 투자를 한다. 그래서 최상, 최고, 절대 가치라 생각되면 '다걸
기' 를 한다.

　　그것 아는가? 하나님께서는 당신에게 '다걸기' 하셨다. 당신을 얻기
위해서 독생자를 죽음의 자리에 내놓으셨다. 당신을 하나님의 소유가 되
게 하기 위해서 예수님은 목숨을 내놓으셨다. 당신이 죄 값으로 지불해
야 할 목숨을 예수께서 대신 지불하고 십자가에서 죽으셨다. 당신의 가
치가 어느 정도인가? 하나님께서 '다걸기' 하실 정도로 가치 있는 존재
이다. 온 우주만물을 합한 것보다도 더 값이 나가는 귀한 존재인 것이다.

건강하고 행복한 인간관계는 이처럼 자신의 가치를 인식하는 데서부터 비롯된다. 자신의 가치를 바로 알 때 다른 사람의 가치도 존중하게 된다. 주께서 말씀하시기를 인간관계의 으뜸이 되는 계명은 "네 이웃을 네 몸과 같이 사랑하는" 것이라고 했다. 무슨 말인가? 서로의 가치를 인정하고 서로 존중하라는 뜻이다. 실제로 자신의 가치를 모르는 사람은 자신을 비하하고 학대한다. 그런 사람은 열등의식이 반항적 우월감으로 나타나고 비열한 교만으로 표현된다. 그래서 남을 부정적으로 비판하며 적개심을 가지고 굳이 무시하려고 한다.

그런 마음으로는 건강한 인간관계를 맺을 수 없다. 자신의 가치를 아는 자라야 나의 가치만큼 이웃의 가치를 인정하고 존중하게 된다. 나를 아끼는 만큼 이웃을 아끼게 되고, 나에게 관심을 갖는 만큼 이웃에 관심을 갖게 된다. 내가 인정받고 대접받고자 하는 만큼 이웃을 인정하고 대접하게 된다. 그래서 기독교의 황금률이 바로 남에게 대접을 받고자 하는 대로 먼저 남을 대접하라는 것이 아닌가(마 7:12).

성도여, 당신은 만유의 대주재자이신 하나님께서 '다걸기' 하실 만큼 하나님께서 인정하시는 가치 있는 존재이다. 이 사실을 항상 기억하며 자긍심을 가질 뿐 아니라, 이웃의 가치도 당신의 가치만큼 소중한 줄 알아서 존귀하게 여기고 겸손하게 섬겨야 할 것이다.

성숙한 그리스도인에 이르는 단계

우리 중에 누구든지 자기를 위하여 사는 자가 없고 자기를 위하여 죽는 자도 없도다 우리가 살아도 주를 위하여 살고 죽어도 주를 위하여 죽나니 그러므로 사나 죽으나 우리가 주의 것이로다(롬 14:7~8)

로마가 하루아침에 이루어진 것이 아니듯이 성도의 성숙한 신앙 인격도 하루아침에 이루어지지 않는다. 구원은 예수님을 구주로 믿는 순간 이루어진다. 그러나 성화(聖化)는 점진적으로 이루어지며, 끊임없이 도전해 오는 시련과 연단을 통해서, 그리고 단계적인 교육훈련과 부단한 자기절제를 통해서 이루어진다. 물론 성령의 도우시는 은혜 안에서 이루어지는 것임은 말할 것도 없다.

성숙한 신앙 인격자가 되는 데에는 단계가 있다. 먼저, 예수님을 따르는 단계이다. 교회에서 일어나는 기사나 이적 혹은 교회의 다양한 프로그램에 대한 호기심과 자신의 욕구 충족 곧 자신의 정신적, 육체적, 물질적, 사회적 욕구 충족에 대한 기대감으로 교회에 나오는 단계이다. 이 단계에서는 아직 예수님을 구주로 믿지 않는다. 이들은 예수님과의 관계가 아직 이루어지지 않은 사람들로 자신의 욕구가 충족되어도 교회를 떠나고, 욕구가 충족되지 않아도 교회를 떠난다.

다음 단계는 믿음의 단계이다. 예수님을 구주로 믿고 영접해서 구원의 확신을 가진 사람들이다. 이들은 기쁨과 즐거움으로 예배와 프로그램에 참여한다. 그러나 아직은 예배만 드리고 프로그램에 참여하는 수준이며, 헌신의 삶은 없다.

세 번째 단계가 사랑의 단계이다. 깊은 독경과 기도생활로 예수님과 뜨거운 사랑의 교제를 나누는 단계이다. 그러나 역시 자신만의 신령한 세계에 몰입해 있는 이기적인 신앙수준을 뛰어넘지 못하고 있다.

네 번째 단계가 헌신의 단계이다. 자신의 주권과 소유권을 모두 포기하고 전적으로 주님을 신뢰하고 주님께 절대 순복하는 삶을 통해 행복을 만끽하는 단계이다. 이 단계에 들어서면 전천후의 믿음과 철두철미한 청지기 의식으로 주님께 죽도록 충성하되 자기를 드러내지 않고 더 많은 충성과 헌신의 비밀을 가슴에 품고 신바람 나게 섬기는 삶을 살아간다.

사회를 변화시키고 역사의 방향을 주도적으로 이끌어가는 사람은 바로 헌신의 단계에 있는 성숙한 그리스도인이다. 당신의 신앙 성숙도는 어느 단계에 있다고 생각하는가?

위기를 행복의 기회로 잡으라

여호와의 말씀이니라 너희를 향한 나의 생각을 내가 아나니 평안이요 재앙이 아니니라 너희에게 미래와 희망을 주는 것이니라 너희가 내게 부르짖으며 내게 와서 기도하면 내가 너희들의 기도를 들을 것이요 너희가 온 마음으로 나를 구하면 나를 찾을 것이요 나를 만나리라(렘 29:11~13)

이 세상에 염려와 근심이 없는 사람은 하나도 없다. 겉으로만 보면 다른 사람은 모두가 행복하게만 보이고, 나만 이 세상에서 가장 불행한 사람처럼 생각된다. 그러나 조금만 들여다보면 의외로 나보다 더 힘들어하는 사람이 많다는 것을 알게 된다. 경제적인 문제, 건강의 문제, 인간관계의 문제, 그리고 또 다른 형태의 크고 작은 문제들로 인해 번민하고 괴로워하면서 심지어 삶을 포기하기 직전의 극한상황에 처하는 사람도 보게 된다.

따라서 세상 고통과 불행을 나 혼자 몽땅 지고 있는 것처럼 좌절하거나 낙망해서는 안 된다. 고통스러운 세상에서 고난을 겪는 것은 정상적인 현상이다. 고난을 겪지 않는 것이 오히려 비정상적인 현상이라고 할 수 있다. 중요한 것은 고난의 사건을 대하는 자세이다. '위기는 기회' 라고 했다. 이 말을 단순히 성공 지향적인 처세의 교훈으로만 생각하지 말기를 바란다.

인생에서 가장 큰 사건, 가장 중요한 사건, 가장 복된 사건, 그래서 무엇보다도 가장 우선적으로 해야 할 사건은 하나님을 만나는 것이다. '위기'는 바로 하나님을 만날 수 있는 기회이다. 현재 여러분이 당면한 위기는 하나님의 은혜를 보다 깊이 알 수 있는 기회이다. 믿음과 영성이 보다 성숙해질 수 있는 기회이다. 더 크고 좋은 것을 받아 누릴 수 있는 기회이다.

기억하라. 하나님은 생명의 원천이시다. 때문에 이 세상 모든 것을 다 얻는다 해도 생명이신 하나님을 만나지 못하면 실패한 인생이다. 하나님 없는 세상의 부귀영화와 공명은 바람을 잡는 것과 같기 때문이다. 예수께서는 말씀하셨다. "삼가 모든 탐심을 물리치라 사람의 생명이 그 소유의 넉넉한 데 있지 아니하니라"(눅 12:15).

하나님은 생명의 원천이시고 복의 근원이다. 당장은 힘들고 어려운 때이지만 절망하지 말고 생명과 복의 근원이신 하나님을 만나는 기회, 그리고 하나님이신 예수님을 구주로 영접하는 기회로 삼으라. 그리고 위대하고 신실하신 하나님의 말씀대로 모든 염려를 다 하나님께 맡겨버리라. 그리하면 위기상황이 더 이상 불행이 아니라 더할 수 없는 행복임을 알게 될 것이다. 위기를 행복의 기회로 잡는 자가 성공적인 인생을 사는 지혜로운 사람이다. 그 성공적인 인생을 살아가는 지혜자가 바로 당신이기를 바란다.

가는 정, 오는 정, 그리고 무정

사랑하는 자들아 하나님이 이같이 우리를 사랑하셨은즉
우리도 서로 사랑하는 것이 마땅하도다(요일 4:11)

물고기가 물을 떠나서는 살 수 없듯이 사람은 정 없이는 살 수 없다.
물고기가 물속에서 물로 숨 쉬고 물을 먹고 마시고 물을 충만하게 느낄
때 생기가 돌고 활기차게 노닐듯이, 사람도 정으로 숨 쉬고 정을 먹고
마시며 정으로 충만하게 느낄 때 행복감을 만끽하면서 신바람 나는 삶
을 살아가게 된다.

그런데 중요한 것은 정 속에서 살되 따뜻한 온정이어야 한다. 차가운
냉정을 먹고 마시면 마음이 굳어지고 모든 관계가 경직되어서 삶이 파
괴되고 만다. 음식은 입으로 먹고 마시지만, 정은 눈으로 먹고 마신다.
그래서 온정이 가득 담긴 눈길을 주면 정을 받는 사람의 마음이 경직되
어 있다가도 봄눈 녹듯 녹아내리고 그 마음은 행복 가득한 꽃으로 만발
하게 된다. 벌 나비들이 날아들어 흥겹게 춤추는 봄 동산 같이 되어 인

사랑, 그 위대한 힘.

생살이가 흥겹기만 하다. 그러나 냉정으로 싸늘한 눈길을 주게 되면 정을 받는 사람의 마음이 춘삼월같이 따뜻하다가도 동지섣달 빙판처럼 싸늘하게 얼어붙어서 운신을 못하게 되고, 인생살이에 흥미를 잃게 된다. 심하게는 삶을 포기하는 일도 일어난다.

가는 정이 있어야 오는 정도 있는 것이다. 가는 정이 온정이라야 오는 정도 온정으로 돌아와 따뜻한 인간관계를 맺고 행복한 만남을 계속 엮어갈 수 있다. 그러나 가는 정이 냉정이면 오는 정도 냉정으로 돌아오기 때문에 경직된 인간관계를 갖게 되고 불행한 만남으로 끝나게 된다. 온정은 십자가의 사랑의 정이다. 십자가의 사랑의 정은 모든 것을 받아주는 정이다. 살리고 세워주는 정이다.

그런데 냉정보다도 더 두려운 것은 무정(無情)이다. 사나운 짐승처럼 되는 것이다. 말세에 나타나는 사회현상이 바로 무정한 세상, 즉 사나운 짐승 같은 세상이라고 했다(딤후 3:3). 짐승의 세계는 양육강식의 세계이다. 먹고 먹히는 적대관계의 세계이다. 살벌한 분위기만 연출되는 세계이다.

지금이 바로 짐승처럼 무정한 종말의 시대이다. 이러한 때에 당신의 눈길을 통해서 흐르는 정은 온정인가, 냉정인가? 당신의 눈길을 통해서 흐르는 정은 무정도, 냉정도 아닌 십자가의 온정이기를 바란다.

순종으로 당신의 신앙을 말하라

하나님을 사랑하는 것은 이것이니 우리가 그의 계명들을 지키는 것이라 그의 계명들은 무거운 것이 아니로다(요일 5:3)

어떻게 하면 주님께서 우리를 기뻐하실까? 순종이다. 그러나 사람들은 대체로 순종이 어렵다는 선입견을 가지고 있다. 순종이 하나님을 기쁘시게 하는 일이기에 순종하고 싶고 또 순종하려고 힘써 보지만, 생각만큼 쉽지 않기에 무거운 마음을 가지고 신앙생활을 하는 성도들도 많다.

그러나 순종은 어렵다는 선입견을 버려라. 순종은 결단코 어려운 것이 아니다. 쉽다. 순종이 쉬운 이유는 이렇다. 나를 사랑하시는 하나님의 사랑이 어떠한 사랑인지를 알게 되면 하나님을 전적으로 신뢰하게 된다. 하나님을 전적으로 신뢰하게 되면 하나님의 말씀에 기쁨으로 순종하게 된다. 그렇기 때문에 중요한 것은 순종하느냐 순종하지 않느냐가 아니라, 나를 향한 하나님의 사랑을 알고 있느냐 알지 못하느냐 하는 것이다. 나를 향한 하나님의 사랑을 알게 되면 하나님께 절로 순종하게 되기 때문이다.

나를 향한 하나님의 사랑은 나를 살리시기 위해서 하나밖에 없는 독생자를 죽음의 자리로 내놓으신 사랑이다. 목숨까지 내놓는 절대적 사랑이다. 이 사랑을 알면 하나님을 의심할 수가 없다. 하나님을 신뢰하되 절대 신뢰하게 된다. 따라서 그분의 말씀을 조금도 의심하거나 부담스럽게 여기지 않고 기쁨으로 따르게 된다.

순종은 하나님을 믿고 사랑하는 자에게 자연스럽게 나타나는 삶의 증표 곧 삶의 열매이다. 하나님의 사랑을 체험적으로 아는 성도에게 순종은 결코 어려운 일이 아니다. 순종이 오히려 편하고 쉽다. 불순종처럼 불편하고 힘든 일은 없다. 사랑과 믿음과 순종은 별개가 아니라 하나인 것이다.

그러나 나를 향한 하나님의 사랑을 모르는 사람은 하나님을 신뢰하지 못하고, 따라서 그분의 말씀에 순종하지 못한다. 하나님께 순종하지 못하는 것은 그분에 대한 사랑과 믿음이 없기 때문이다. 순종이 없는 사랑 고백은 거짓이다. 순종이 없는 믿음의 고백은 죽은 믿음이다.

당신은 어떤가? 당신을 향한 하나님의 사랑을 알고 있는가? 그래서 하나님을 사랑하고 믿노라고 고백하는가? 그렇다면 순종함으로 주님을 향한 당신의 사랑과 믿음을 확증하라. 하나님은 순종의 사람을 기뻐하신다. 순종이 하나님을 기쁘시게 한다.

칭찬이란 시험대

도가니로 은을, 풀무로 금을, 칭찬으로 사람을 단련하느니
라(잠 27:21)

사람들은 누구나 칭찬을 좋아한다. "칭찬은 고래도 춤추게 한다."라
고 표현할 만큼 어려서부터 칭찬받으며 자란 사람은 성격이 밝고 진취적
이며 매사에 적극적이고 긍정적일 뿐 아니라 자신감을 가지고 당당하게
처신한다. 하지만 어려서부터 꾸중과 책망 그리고 핀잔만 듣고 자란 사
람은 성격이 어둡고 매사에 소극적이며 부정적일 뿐 아니라 자신감도 없
고 유약하게 처신한다. 그래서 서로 칭찬해 주고 자랑해 주면 위안을 얻
고 용기를 갖게 되기 때문에 칭찬과 자랑해 주기 운동을 펼치기도 한다.

그런데 성경에서는 칭찬받을 때 조심해야 할 것을 교훈하고 있다(잠
27:21). 칭찬을 듣다 보면 자칫 우쭐한 마음에 교만해지거나, 자신이 월
등한 존재라도 된 양 착각해서 방자해지기 쉽기 때문이다. 그러므로 칭
찬을 들을 때에는 더욱 겸손하게 자신을 돌아보는 지혜가 있어야 한다.

칭찬받을 만한 내용이 있는지, 그리고 칭찬해 주는 무리가 누구인지도 살펴야 한다. 칭찬받되 누구로부터, 어떤 내용으로 칭찬받느냐 하는 것은 매우 중요하다.

칭찬을 들을 때 기분이 좋아지는 것은 자신이 인정받고 있다는 기본 욕구가 충족되기 때문이다. 그래서 욕구 충족으로 인한 기분 좋은 감정을 누리기 위해서 칭찬받으려고 사람들의 눈치를 살피면서 처신한다. 그리고 칭찬을 듣기 전까지는 사람들이 나를 어떻게 보고 어떻게 평가할까에 신경을 곤두세우며 불안해하고 두려워한다. 그러다 끝내는 사람들의 눈과 입에 맞추어서 자신의 본심 아닌 모습을 보이기도 한다. 바로 위선의 모습이다.

실제로 사람의 눈과 입에 초점을 맞추다 보면 위선자가 되기 쉽다. 그래서 성경의 가르침은 그 칭찬이 '사람에게서'가 아니라 '하나님에게서'라고 말씀하고 있다(롬 2:29). 이것이 바로 사람의 눈과 입을 의식하며 살아갈 것이 아니라, 하나님의 눈과 입을 의식하며 살아가야 하는 이유이다. 언제 어디서나 하나님의 눈과 입을 의식하며 살아갈 때에 위선이 아닌 진실한 삶을 살아가게 된다.

사람에게 칭찬받아도 하나님께 물리침을 당하는 경우는 있어도, 하나님께 칭찬받는 사람이 사람에게 물리침을 당하는 경우는 없다. 하나님께서 만인 위에 존귀하게 해 주시기 때문이다. 그래서 칭찬받을 때에 더욱 겸손하고 자신을 돌아보는 지혜가 있어야 하는 것은, 칭찬은 들어서 기분 좋은 것이지만 넘어지게 하는 시험의 올무도 되기 때문에 칭찬 들을 때에 경계하고 조심해야 한다. 오직 하나님께만 영광을 돌리도록 하자.

훨씬 더 좋은 만남을 위하여

새 계명을 너희에게 주노니 서로 사랑하라 내가 너희를 사
랑한 것 같이 너희도 서로 사랑하라(요 13:34)

불가(佛家)에서는 사람이 한 번 옷깃을 스치는 데도 수억 겁(劫)의 인
연이 있어야 한다고 한다. 그만큼 사람과 사람의 만남이 소중하다는 뜻
이렷다. 그러나 기독교에서는 사람과 사람의 만남은 하나님의 섭리 안
에서 이루어진다고 가르친다. 전생의 인연도 아니고, 생각하고 계획해
서 만나는 것도 아니고, 우연의 만남도 아니라는 것이다. 그러므로 만남
은 하나님의 섭리로 이루어졌지만, 좋은 만남을 잘 유지하기 위해서는
서로가 힘쓰고 애써야 한다. 하나님께서 만나게 하실 때에는 건강하고
행복하고 좋은 만남을 이루어가도록 기대하셨기 때문이다.

좋은 만남을 계속 만들어가려면 서로의 다름을 인정해야 한다. 혈통,
출신, 가문, 성격, 신체구조, 습관, 취미, 관심, 학력 등 서로 다른 많은 것
들을 인정해야 한다. 다름을 인정하면 상대를 이해하게 되고, 이해하면
배려하게 되고, 배려하면 양보하고 포용하게 되고, 양보하고 포용하면

인내하게 되고, 인내하면 적극 협력하게 된다. 그것은 바로 섬김의 모습으로 나타난다. 이것이 사랑의 속성이고, 이 같은 사랑으로 섬기는 만남이라야 좋은 만남이다.

만남의 관계는 다양하다. 부모와 자식으로서의 만남, 부부로서의 만남, 친구로서의 만남, 선후배로서의 만남, 상사와 부하직원으로서의 만남, 이웃으로서의 만남, 성도로서의 만남, 성도와 목회자로서의 만남 등 수많은 만남이 있다. 그러나 한 가지 분명한 것은 어떤 관계의 만남이든 건강하고 행복한 만남이 되려면 서로 사랑으로 섬기는 만남이라야 한다는 것이다.

서로에게 좋은 만남인지 좋지 않은 만남인지는 헤어질 때 나타난다. 환경이나 상황의 변화에 의해서든, 돌발적 사건이나 죽음에 의해서든 이 세상의 만남은 언젠가는 반드시 헤어지게 마련이다. 그래서 회자정리(會者定離)라 하고, 고통 중의 큰 고통을 애별리고(愛別離苦)라 하지 않던가. 그런데 헤어짐으로 아쉽고 고통스러운 만남이 있는가 하면, 헤어짐으로 시원하고 편안한 만남도 있다. 서로 사랑으로 섬겼던 만남은 아쉽고 고통스럽지만, 서로가 불편했던 만남은 헤어짐으로써 오히려 시원하고 편안해진다. 전자는 건강하고 행복한 만남이요, 후자는 빈약하고 불행한 만남이다.

지금 당신은 주변 사람과 어떤 만남을 갖고 있는가? 좋은 만남이라면 감사하면서 더욱 노력해야 할 것이고, 좋지 않은 만남이라면 속히 관계를 개선해서 좋은 만남이 되도록 힘써야 한다. 우리의 만남은 하나님의 섭리로 이루어진 일이므로 이후로는 하나님도 놀라실 만큼 하나님께서 기대하시는 것보다 훨씬 좋은 만남을 엮어가도록 하자.

회개케 하는 영광의 상처

우리를 시험에 들게 하지 마시옵고 다만 악에서 구하시옵
소서(마 6:13a)

    다원화된 무한경쟁의 치열한 생존마당에서 크고 작은, 그리고 많고 적은 상처를 주고받으며 살아가는 것이 오늘의 인생이다. 때로는 큰 상처를 입고 끝내는 삶을 포기하는 지경에까지 이르는 경우도 허다하다. 상처는 주로 경제관계, 인간관계, 건강관계에서 생긴다. 행복한 인생이란 이러한 구체적인 삶의 마당에서 상처가 없는 삶, 상처가 최소화된 삶을 살아가는 것이다. 그래서 건강한 의식을 가진 사람은 최선을 다해서 그런 삶을 살아가려고 노력한다.

    그리스도인들은 삶의 현장에서 받은 이런저런 상처를 교회에 와서 치유받기를 원한다. 그런데 중요한 것은 상처를 받았다고 할 때에 그 상처에 대한 바른 인식을 가져야 한다는 것이다. 그래야 상처에 대한 근본적인 치유를 받게 되고 건강하고 행복한 삶을 살아가게 된다. 인간은 누

구나 끊임없는 사건의 도전을 받으면서, 그리고 그 사건에 반응하면서 살아간다. 그런데 사건에 반응할 때에 사건이 사건으로 끝나는 사람이 있고, 사건이 문제가 되는 사람이 있다. 상처란 바로 사건이 사건으로 끝나지 않고 사건이 문제가 되는 경우이다.

예를 들면 사람 사이에서 상대로부터 멸시와 천대 등 심한 모욕을 받았다면 이것은 사건이다. 아직은 상처가 아니다. 그러나 여기에 분노와 증오로 적개심을 갖는다든지, 그 적개심이 표면으로 분출해서 욕설을 퍼붓거나 다툼을 일으켰다면, 이는 사건이 문제가 된 것이고 이것이 바로 상처이다. 마귀의 공격으로 심령에 흠집이 생겼기 때문이다.

그러면 어떻게 해야 치유가 되고 위로와 힘을 얻게 될까? 방법은 하나이다. 소금과 같은 하나님의 말씀으로 먼저 회개부터 하는 것이다. 모욕이라는 사건을 만났을 때 마귀는 분노, 적개심의 무기로 공격해 온다. 그때 이것까지 참으라는 주님의 말씀과 상처를 준 사람을 위해 복을 빌어주라는 십자가의 사랑의 말씀으로 방어하면 결코 상처를 입지 않는다. 모욕이라는 사건에 상처를 입는 것은 십자가의 사랑의 말씀을 버리고 마귀가 공격해 오는 분노와 적개심의 무기를 무방비로 받아들였기 때문이다.

그러므로 마귀의 공격으로 입은 상처에 소금 같은 말씀이 뿌려질 때에 쓰리고 아프다 할지라도 십자가의 사랑의 말씀을 저버리고 마귀의 공격을 받아들인 자신의 행위를 인정하고, 주님께 자백하며, 긍휼의 은총을 구해야 한다. 그럴 때 상처는 치유받고 보다 건강하고 성숙한 심령으로 거듭나게 된다. 회개하지 않고 상처의 치유를 받으려 하기 때문에 행복한 그리스도인의 삶을 살아가지 못하는 것이다. 기억하라. 회개가 있는 상처는 영광의 상처요, 회개가 없는 상처는 부끄러운 상처이다.

제3장

사람의 아들아,
너는 부르짖고 통곡하라

지금은 에스겔 선지자의 심정을 가지고 엎드려 기도할 때이다.
도토리 키 재기를 하면서 시기, 질투, 중상모략하거나
교만과 열등감에 빠져 마음 상해 있을 때가 아니다.
때를 알고 때에 맞게
생각하고 말하고 생활해야 되지 않겠는가?

예수 떡 먹고 현명한 바보가 되라

예수께서 이르시되 나는 생명의 떡이니 내게 오는 자는 결
코 주리지 아니할 터이요 나를 믿는 자는 영원히 목마르지
아니하리라(요 6:35)

오늘날 지구촌 사람들은 심한 열병을 앓고 있다. 모두들 제정신이 아니다. 헛소리를 하면서도 헛소리를 하고 있는지조차 의식하지 못한다. 참으로 큰일 났다. 어디서부터 치료를 해야 할지 난감하다. 우선 열부터 내리자. 해열제는 무엇일까? 바보가 되게 하는 것이다. 바보는 꾸밈이 없다. 가식이 없다. 술수를 모른다. 때문에 남을 비판하지도 않는다. 바보에게는 미움이 없다. 투기도 없다. 때문에 분당 짓고 분쟁하는 일이 없다. 바보는 남을 가로막는 벽도 없다. 순수하고 있는 그대로 진실을 보인다. 때문에 헛소리를 하지 않는다.

지구촌이 앓고 있는 열병이 무엇인가? 천상천하 유아독존의 환각 열병이다. 아집의 열병이다. 아담과 하와가 이 열병 때문에 낙원에서 추방되지 않았던가. 그들은 하나님같이 될 수 있다는 지나친 똑똑함 때문에

에덴 동산에서 쫓겨나고 말았다. 그러므로 낙원으로 다시 가려면 원초적인 바보의 모습을 되찾아야 한다.

원초적인 바보의 모습을 되찾는 길은 무엇인가? 방법은 하나밖에 없다. 떡을 먹여야 한다. 그 떡은 세상의 떡이 아니라, 하늘로부터 내려온 떡이다. 예수께서 말씀하셨다. "나는 하늘에서 내려온 살아 있는 떡이니 사람이 이 떡을 먹으면 영생하리라 내가 줄 떡은 곧 세상의 생명을 위한 내 살이니라"(요 6:51). 예수쟁이란 예수 떡 먹은 바보를 가리킨다. 예수쟁이면서 똑똑한 체하며 헛소리를 한다면 이는 예수 떡을 전혀 먹지 못하였거나, 예수 떡을 충분히 먹지 못해 아직도 열기가 남아 있는 사람이다.

진정 철저한 바보가 되기를 바란다. 최후의 생존자는 바보이고, 하나님께 큰 상을 받을 자도 철저히 바보 된 자이기 때문이다. 바보가 아니면 좁은 문으로 들어갈 수 없다. 바보가 아니면 자기를 부인하고, 자기 십자가를 지고, 예수님의 가신 길을 따를 수가 없다. 똑똑한 이들이 바보 앞에서 부끄러움을 당할 날도 멀지 않았다. 바보처럼 십자가에서 죽으신 예수께서 지금은 부활하여 하나님 우편에 계시다가, 똑똑한 자들은 처벌하시고 자기 같은 바보들은 영원한 낙원으로 데리고 가시기 위해 이 땅에 오실 때가 다가왔기 때문이다. 바보가 되되 현명한 바보가 되라. 그리스도인이란 예수 떡 먹고 현명한 바보가 된 사람을 말한다.

현명한 바보들이여! 이제 모두 베일과 거추장스러운 옷은 벗어 버렸으니 순수한 뜻을 순수하게 모아 순수한 모습 그대로를 보이고 전하라. 예수 떡만이 지구촌을 살리는 길이라고!

언제까지 도토리 키 재기를 할 것인가

너희 중에는 그렇지 않을지니 너희 중에 누구든지 크고자
하는 자는 너희를 섬기는 자가 되고 너희 중에 누구든지
으뜸이 되고자 하는 자는 모든 사람의 종이 되어야 하리라
(막 10:43~44)

　며칠 전 어느 성도와 사담을 나누면서 흐뭇하면서도 자랑스러운 생
각을 했다. 그는 처음 만났을 때보다 엄청나게 신앙이 성숙해 있었고,
그가 하는 말은 평범하였으나 체험에서 우러나온 말이었기에 마음에 큰
울림으로 부딪혀 왔다. 그는 근자에 아주 평안한 신앙생활을 한다고 한
다. 세상에는 온전한 의인이 없다는 것을 깨달으니까 남의 실수와 허물
을 탓하지 않게 되고, 내 위에는 언제나 나보다 나은 사람이 있다는 것
을 깨닫게 되니 교만할 수 없고 겸손하게 되더라는 것이다. 그래서 사랑
으로 이웃을 이해하고 섬기게 되니까 그렇게 평안하고 좋을 수가 없다
는 것이다.

　그는 또 하나 경각심을 갖도록 마음을 때리는 말을 하였다. 그는 오
늘의 교회 실상을 보면 많은 성도가 마음과 머리는 세상 재미를 즐기면

서, 발만 예배당 안에 들여놓고 하나님을 가장 잘 섬기는 양 한다는 것이다. 머리는 없고 발목만 가득한 교회, 그런 교회를 하나님께서는 어떻게 보실까? 성도의 머리와 마음을 찾으시는 하나님의 안타까운 마음을 헤아리며 목 놓아 기도하는 성도와 지도자가 얼마나 될까? 에스겔 선지자를 통하여 들려주시는 하나님의 음성을 모두 겸허하게 듣고 경각심을 가져야 하겠다.

"사람의 아들아, 너는 탄식하라. 그들이 보는 데서 가슴이 찢어질 듯한 슬픔으로 탄식하라. 그들이 너에게 '당신은 어째서 탄식하시오?' 하고 묻거든 너는 이렇게 대답하라. '내가 이렇게 하는 것은 들려오는 소문 때문이오. 재앙이 닥치면 무서워서 사람들의 마음이 녹을 것이며 모든 사람들의 손이 맥이 풀리고 그들의 기력이 쇠하며 모든 사람의 무릎이 물처럼 약해질 것이오.' 보라 재앙이 다가오고 있다. 내 말은 반드시 이루어질 것이다. …사람의 아들아, 너는 부르짖고 통곡하라. 이것은 내 백성을 칠 칼이며 이스라엘의 지도자들을 칠 칼이다. 그들과 내 백성은 모두 칼날에 죽을 것이다. 그러므로 너는 가슴을 치고 슬퍼하여라. 내가 내 백성을 시험하겠다. 만일 그들이 회개하지 않으면 이 모든 일이 그들에게 일어날 것이다. 이것은 나 주 여호와의 말이다."(겔 21:6~13 / 사역)

성도들이여! 지금은 에스겔 선지자의 심정을 가지고 엎드려 기도할 때이다. 도토리 키 재기를 하면서 시기, 질투, 중상모략하거나 교만과 열등감에 빠져 마음 상해 있을 때가 아니다. 때를 알고 때에 맞게 생각하고 말하고 생활해야 되지 않겠는가?

여보게, 저승 갈 때
몽땅 가져갈 수 있다네

내가 너희에게 이르노니 사람이 무슨 무익한 말을 하든지
심판 날에 이에 대하여 심문을 받으리니 네 말로 의롭다
함을 받고 네 말로 정죄함을 받으리라(마 12:36~37)

불가의 어느 스님이 쓴 「여보게 저승 갈 때 뭘 가지고 가지」라는 에세이집이 한참 베스트셀러에 올라와 있었다. 절묘한 문장가도 아니요, 해탈한 달인도 아닌 그저 평범한 구도자요, 열심 있는 포교자일 뿐인 스님의 글에 어떠한 매력이 있기에 저렇게 세인의 관심을 끌어당기는 것일까? 아마도 「여보게 저승 갈 때 뭘 가지고 가지」라는 책명이 주는 묘한 뉘앙스 때문일 것이다. 생과 사, 이승과 저승, 현상과 본체, 존재와 무, 관념과 실존, 실상과 허상 사이에서 무엇이 참이고, 어느 쪽을 선택해야 자신의 참 모습을 지킬 수 있는가를 추구하는 물음에 대답이 될 것도 같고, 그렇지 않은 것 같기도 한 묘한 심리 때문일 것이다.

그러나 나에게 "여보게 저승 갈 때 뭘 가지고 가지?"라고 묻는다면 나는 분명하고 확실하게 "여보게 저승 갈 때 몽땅 가져갈 수 있다네."라

고 대답할 것이다. 인생의 삶은 이승에서 끝나지 않는다. 이승에서 어떤 삶을 사느냐에 따라서 저승에서의 삶이 결정된다. 성경의 가르침은 그리스도 예수 안에서 사는 사람은 복락의 저승에서 영생하게 되고, 그리스도 예수 밖에서 사는 사람은 고통의 저승에서 영생하게 된다고 한다.

누구든지 그리스도 안에 있으면 내 영의 생명을 가져갈 수 있다. 나의 육체도 부활하신 예수의 몸과 같이 변화된 모습으로 가져갈 수 있다. 나의 재물도 이승에서 예수의 이름으로 선한 사업에 힘쓰면 그것이 하늘에 값지고 아름다운 보화로 쌓인다고 했으니 재물도 아쉬움 없이 가져갈 수 있다. 부모형제, 일가친척, 동료 및 선후배, 그리고 죽마고우도 그리스도 예수 안에 있을 때 복락의 저승에 나와 함께 가게 된다. 때문에 그리스도 예수 안에 있기만 하면 잃어버리거나 버려지거나 아쉬워할 것 하나 없이 몽땅 가져갈 수 있는 것이다.

연(緣)이나 업(業)을 두려워 마라. 그리스도 예수 안에 있으면 연도, 업도 끝나게 된다. 저승 갈 때 아무것도 가져갈 수 없으니 보다 진실된 삶을 살 수 있다는 말은 구속력이 없다. 반대로 아무것도 가져갈 수 없기 때문에 이기적, 자기중심적, 찰나적, 쾌락적이 되는 것이고, 그래서 세상이 이렇게 혼란하고 살벌한 것이다. 그러나 이승에서 지니고 있는 일체의 것을 하나도 남김없이 가져갈 수 있는 길을 알게 되면 이승에서의 삶을 절제하게 되고, 규모 있는 삶을 살게 되며, 서로를 위하고 섬기는 삶을 살게 되기 때문에 이승의 세계도 밝아지는 것이다.

아, 그리스도 예수 안에 있는 진리의 오묘함이여! 인생들아, 이제는 미망에서 깨어나라! 더 이상 관념의 유희, 언어의 희롱에 미혹되지 마라. 삶은 삶이지 말장난이 아님을 명심하라.

그대의 삶은 크리스털 인생인가?

하나님은 모든 행위와 모든 은밀한 일을 선악간에 심판하
시리라(전 12:14)

　다리오 왕은 자기의 뜻대로 전국을 120도로 나누고 각 도에 도지사를
세웠다. 그리고 도지사를 감독하는 총리 세 사람을 세우고 국정보고를
하게 함으로써 왕이 나랏일을 보는 데 어려움이 없게 하였다. 그 총리
가운데 한 사람이 바로 다니엘이다. 다니엘은 총명하여 모든 면에서 다
른 도지사나 총리보다 뛰어났으므로 왕은 그에게 나라의 모든 일을 맡
길 생각이었다. 그러자 다른 총리들과 도지사들이 다니엘의 잘못을 찾
아 그를 고발하려고 하였고, 다니엘이 자기 일에 충실하고 잘못이나 부
정을 저지른 일이 없으므로 그들은 다니엘에게서 아무 흠을 찾지 못하
였다. 그들은 '그의 종교와 관련된 일이 아니면 그에게서 잘못을 찾아
그를 고소할 방법이 없다'고 서로 속삭였다(단 6:1~5).
　다니엘은 투명한 삶, 크리스털(crystal) 인생을 살았기에 그를 적대시

하는 사람들까지도 그를 존경할 수밖에 없었고 그를 해하지 못한 것이다. 그러나 모스크바의 크렘린(Kremlin) 궁같이 음흉한 술수와 사악한 간계, 부도덕한 부정과 불의, 음란과 호색, 거짓과 위선으로 가득 차 있으면서도 평온을 가장하는 투명하지 못한 인생을 사는 사람도 있다. 바리새인과 서기관 같은 사람들이다. 가룟 유다 같은 사람들이다. 아나니아와 삽비라, 아간과 게하시 같은 사람들이다.

성도는 어떤 자리에서 어떤 사람과 어떤 생활을 하든 투명해야 한다. 거짓이 있어서는 안 된다. 남을 속여서는 안 된다. 깨끗하고 바르며 맑아야 한다. 성도에게는 성결과 청빈을 강조하면서 정작 자신은 칠계를 범하고 재물을 축적하는 교회 지도자도 있다. 지도자에게는 쉬쉬하면서 신령하다는 사람을 찾아가 기도를 받고, 가정 제단을 쌓으면서 무질서한 영적 생활을 하는 사람들도 있다. 사회활동을 하는 동안에는 그리스도인의 티를 전혀 나타내지 않고 믿지 않는 사람들과 조금도 다름없는 행동을 하면서도, 교회에서는 가장 거룩한 모습으로 찬양과 경배를 드리는 이들도 있다.

그러나 어느 시대라도 마찬가지겠지만 특별히 이 시대를 사는 성도들은 그 어느 시대 성도들보다도 더욱 투명한 삶을 살아야 한다. 교회의 세속화로 말미암아 오늘을 사는 인생이 참 삶의 구심점을 찾지 못해 방황하고 있기 때문이다.

그대의 삶은 어떠한가? 크리스털 인생인가, 아니면 크렘린 인생인가?

긍정의 교훈으로 배우는
'만인이 나의 스승'

그들에게 일어난 이런 일은 본보기가 되고 또한 말세를 만난 우리를 깨우치기 위하여 기록되었느니라(고전 10:11)

육적인 소인배들은 이웃에 대해서 매사에 부정적이다. 이웃의 잘되는 모습이나 좋은 일을 보면 시기하고 질투한다. 혹여 잘못이나 실수를 보면 비방하고 험담하기까지 한다. 그러나 성숙한 신앙인격을 가진 사람은 이웃에 대해서 매사에 긍정적이다. 이웃이 잘되는 모습이나 좋은 일을 보면 칭찬해 주고 함께 기뻐하며, 자신도 그렇게 하려고 노력한다. 그리고 잘못된 것이나 실수하는 것을 보면 감싸고 위로해 주며, 자신은 그렇게 되지 않기 위해 경계하고 조심한다.

이러한 사람들은 만인이 자신의 스승임을 알고 언제나 모두에게 감사하고 항상 겸손한 모습으로 대한다. 불평과 불만이 없고, 원망과 시비가 없다. 그러니 더 더욱 분열이나 다툼이 있을 수 없다. 성경에 말씀하기를 지난날의 사건은 오늘을 사는 사람들에게 교훈과 거울, 경계를 주기 위해 기록되었다고 했다(롬 15:4, 고전 10:6, 11). 어찌 지난날의 사건뿐이랴. 주변에서 일어나는 모든 일은 긍정적인 사건이든 부정적인 사건이든 모두 긍정의 교훈으로 받아들이면 영은 맑아지고, 인격은 성숙해지며, 생활은 밝고 건강해진다. 주변에서 일어나는 일들을 부정적으로만 보기 때문에 영은 혼탁해지고, 인격은 비천해지며, 생활은 어둡고, 병약한 모습으로 나타나는 것이다.

소인배일수록 남을 가르치려고 든다. 그러나 성숙한 신앙인격의 사람은 이웃으로부터 가르침 받기를 힘쓸 뿐 아니라 자기 자신이 스스로를 가르치려고 힘쓴다(롬 2:21). 지혜는 배우려고 노력하는 것이다. 지식이나 기능 이전에 보다 효율적인 자기 성숙의 길을 배우려고 힘쓰는 것이 지혜이다. 아름다움 역시 겸손히 배우려는 자에게서 발견할 수 있는 모습이다. 맵시는 외모를 꾸미고 가꾸는 데 있는 것이 아니라 내면의 인격이 영그는 데 있다.

힘도 마찬가지이다. 지력, 권력, 재력, 완력이 아무리 높고 크고 많고 세다 할지라도 덕을 이길 수는 없다. 때문에 덕 쌓기를 힘써야 한다. 경이원지 당함은 덕이 없기 때문이다. 덕을 쌓는 좋은 방법은 만인을 나의 스승으로 삼는 것이다. 그리고 힘써 겸손하게 배우는 것이다. 긍정적이든 부정적이든 내가 긍정의 교훈으로 받아들이면 덕을 쌓는 일에 유익하다는 것을 언제나 기억해야 한다. 만인을 나의 스승으로 삼을 수 있는 인격까지 끌어올리라.

하나님 앞에 내어놓을 신앙 이력서, '가계부'

스스로 속이지 말라 하나님은 업신여김을 받지 아니하시
나니 사람이 무엇으로 심든지 그대로 거두리라(갈 6:7)

알뜰하고 규모 있게 살림을 하는 주부들은 대부분 가계부를 쓴다. 수입과 지출을 명확하게 해서 불필요한 낭비를 줄이고, 최상의 경제적 살림을 꾸려가고자 최선을 다한다. 그러나 하늘의 백성인 성도들은 여기에 만족해서는 안 된다.

먼저 수입항목을 점검해 보라. 부정한 수입, 부끄러운 수입은 없었는가? 남을 속이거나 남을 억울하게 하면서 얻은 수입은 없었는가? 땀 흘리는 수고 없이 얻은 불로소득은 없었는가? 또 지출항목을 점검해 보라. 근검절약해서 의식주 경비를 줄이고, 자녀교육비에 보다 많이 지출하며, 할 수 있는 대로 저축하려고 애쓴 흔적이 역력하다면, 마땅히 칭찬받을 일이다. 하지만 이렇게 알뜰한 살림이 내 가정만을 위한 것이라면 그는 아직도 미숙한 신앙인에 머물고 있는 것이다.

성숙한 신앙인의 가계부에는 의식주를 위한 경비, 자녀교육비, 저축비 외에도 영혼 구원을 위한 선교비, 일꾼 양성을 위한 장학비, 어려운 이웃을 위한 구제비의 항목이 들어 있어야 하고, 또 많은 비율을 차지해야 한다. 아무리 성경에 대한 해박한 지식이 있다 해도, 깊은 기도로 신령한 체험을 했다 해도, 또 교회에서 직분을 맡아 많은 일을 한다 해도 가계부가 자신만을 위한 지출로 기록되어 있다면 그는 어린아이 같은 유치한 믿음의 사람인 것이다.

때로는 교회를 향하여 선한 사업을 하지 않는다고 비판하는 사람들이 있다. 그러나 교회나 다른 이웃을 향해 비난하기 전에 내 집의 가계부부터 점검해야 하지 않을까? 가계부는 가장 정직한 삶의 표현이요, 가장 진실한 신앙의 표현이다. 그러므로 자신이 어떠한 사람인지, 그리고 어느 정도의 신앙을 가진 사람인지를 알려면 자기 집의 가계부를 살펴보면 알 수 있다. 가계부는 가장 객관적인 신앙검증 수단이다.

돈이란 거름더미와 같다. 거름은 쌓아두면 독하고 썩은 냄새만 풍길 뿐이나, 논이나 밭에 뿌리면 땅이 기름지게 되고 많은 곡식을 수확하게 된다. 돈도 자신만을 위해 쓰고 자신만을 위해 쌓아두면 썩어 냄새가 나고, 종국에는 자신도 못쓰게 된다. 그러나 흩어져 주님의 이름으로 선한 일에 사용하면 사회 구석구석을 기름지게 하고, 많은 영혼을 거두게 되며, 자신도 더욱 윤택하게 된다.

그대의 가계부는 바로 그대가 장차 하나님 앞에 내어 놓을 그대의 신앙 이력서이다. 하나님 앞에 그대의 가계부는 부끄러운 점이 없는가?

예수의 마음을 가지라

무릇 더러운 말은 너희 입 밖에도 내지 말고 오직 덕을 세우는 데 소용되는 대로 선한 말을 하여 듣는 자들에게 은혜를 끼치게 하라(엡 4:29)

신령한 일은 신령한 사람들의 신령한 언어로만 통하고 이해된다. 한 가족이라도 신령한 언어로 통일되지 않으면 화목한 가정을 이룰 수 없다. 언어는 마음의 표현이다. 악한 마음을 가진 사람이 선한 말을 할 수 없고, 선한 마음을 가진 사람이 악한 말을 할 수 없다. 마음에 있는 것이 말로 나타나기 때문이다. 그래서 선한 사람은 그 쌓은 선에서 선한 것을 내고, 악한 사람은 그 쌓은 악에서 악한 것을 낸다(마 12:34~35).

우리는 모두 예수의 마음을 가져야 한다(빌 2:5). 그럴 때 예수의 말을 할 수 있다. 예수의 마음으로 예수의 말을 할 때 거기에 다툼은 있을 수 없다. 성도는 예수의 마음을 가진 자이다(고전 2:16). 그러므로 예수를 믿어 예수의 마음을 가진 성도는 혀부터 달라져 예수의 말을 하게 된다(막 16:17).

그런데 참으로 이상한 것은 예수의 마음을 가진 성도들 사이에 대화가 이루어지지 않는다는 것이다. 언어 소통이 되지 않는다. 왜 그럴까? 이유는 간단하다. 미숙과 성숙의 차이 때문이다. 대학생들 사이에서나 통하는 말을 어린 유치원생들이 알아듣지 못하는 것처럼 아직 믿음이 미숙한 성도는 믿음이 성숙한 성도의 말을 이해하지 못한다. 사람의 일을 앞세우는 미숙한 성도가 하나님의 일을 앞세우는 성숙한 성도의 말을 알아듣지 못하는 것은 아주 당연한 일이다.

그러므로 대학생이 유치원생이 알아듣도록 인내를 가지고 쉬운 말로 설명하듯 성숙한 믿음의 사람이 인내심을 가지고 미숙한 믿음의 사람이 이해할 수 있도록 쉬운 말로 바르게 깨우치고 인도해야 한다. 말귀를 알아듣지 못한다고 대학생이 유치원생을 나무란다면 유치원생보다 대학생이 더 어리석은 사람이다. 마찬가지로 성숙한 믿음의 사람이라 자처하면서 미숙한 성도가 이해하지 못한다고 나무라거나 침묵한다면 이 역시 성숙한 믿음의 성도가 더 어리석은 사람이다.

예수의 마음으로 언어가 통일되도록 힘써 예수를 전하자. 그리고 깊고 높은 수준의 언어 소통을 위해서 성숙한 믿음의 성도가 되기를 힘쓰자. 성숙한 언어의 통일이 이루어지는 곳에 행복이 있다.

갈릴리 같은 마음,
사해 같은 마음

너희 안에 이 마음을 품으라 곧 그리스도 예수의 마음이니(빌 2:5)

갈릴리 바다에는 20여 종류의 물고기들이 서식하고 있다. 갈릴리 바다의 근원은 헬몬산 밑에서 발원하는 세 개의 큰 샘물로 갈릴리 바다는 이들 근원으로부터 흘러 들어오는 물을 받아들였다가 하류로 흘려보낸다. 항상 새로운 물로 채워지기 때문에 물이 맑고 많은 생물이 자란다.

사해는 일반 바다보다 무려 5~6배나 염도가 높은 세계에서 가장 짠 바다이다. 사해는 일반 생명체는 살 수 없는 문자 그대로 죽음의 바다이다. 성서에서는 사해라고 부르지 않고 소금바다(염해)라고 불렀으며, 혹은 동해, 혹은 아라바 바다라고도 불렀다. 사해는 흘러 들어오는 물을 받기만 하고 내보내지 못하기 때문에 염도가 너무 높아 생물들이 살지를 못한다.

성도에게는 두 마음이 필요하다. 곧 갈릴리와 같은 마음과 사해와 같은 마음이다. 갈릴리 같은 마음은 주는 마음이다. 받은 은혜와 복을 나누어 주는 마음으로 지식과 재간을 나누어 주고, 은사와 재물을 나누어 주고, 기쁨과 즐거움을 나누어 주고, 각양 좋은 것을 모두 나누어 주는 마음이다. 주는 마음에는 기쁨이 있고 평안과 풍요로움이 있다. 주는 마음에 주께서는 더 많은 것으로 채워 주신다(눅 6:38). 그러므로 좋은 것은 내게 멈춰 있게 하지 말고 계속 이웃에게 흘려보내야 한다.

사해와 같은 마음은 절제하는 마음이다. 삼가는 마음이다. 속상한 일, 괴로운 일, 원통하고 분한 일, 이런저런 모양으로 흘러 들어온 부정적이고 비생산적인 것들은 내게서 멈추도록 해야 한다. 밖으로 흘려보내서는 안 된다. 내 속이 썩고 고통스럽고 답답해도 비성서적이고 불신앙적인 사건이나 이야기들을 흘려보내면 하나님의 영광이 가려지고, 교회에 부덕이 되며, 영혼 구원의 길도 막히게 된다. 그리고 주께서 가신 길을 따르는 것에 반하는 일이 된다.

그런데 미숙하고 병약한 성도는 좋은 것은 움켜쥐고 자신에게만 머물게 하고, 좋지 않은 것은 절제하지 못하고 흘려보내기를 좋아한다. 이러한 사람은 마침내 그 마음과 생활이 사해처럼 황폐하게 되어서 마음이 어둡고 무거우며 답답하고 괴롭게 된다. 그리고 슬픔과 좌절에 빠지게 되고 끝내는 절망의 깊은 늪에서 헤어 나오지를 못하게 된다.

그러므로 성도는 좋은 것은 이웃과 나누어 가지려는 갈릴리 같은 마음과, 좋지 않은 것은 자신만이 간직하려는 절제의 사해 같은 마음을 동시에 가져야 한다. 이 같은 마음이 곧 예수의 마음이다. 이러한 성도가 많은 교회일수록 성숙하고 건강한 교회요, 온 성도와 교회가 이렇게 성숙하고 건강할 때 비로소 사회도 성숙하고 건강하게 된다.

열매로 나무를 안다

이와 같이 좋은 나무마다 아름다운 열매를 맺고 못된 나
무가 나쁜 열매를 맺나니 좋은 나무가 나쁜 열매를 맺을
수 없고 못된 나무가 아름다운 열매를 맺을 수 없느니라
(마 7:17~18)

　　동아리에서 이탈하는 사람들의 공통적인 특징은 자신이 함께했던 동
아리에 오히려 흠집을 내고 떠난다는 것이다. 자신의 행동을 정당화하
고 합리화시키며 자신을 돋보이게 하기 위해서이다. 그리고 자신의 입
지를 강화하기 위해서 더 많은 동아리의 일원을 끌어안으려 하고, 그러
한 자신을 현명하다고 생각한다. 그러나 진심으로 하나님을 믿고 섬기
는 사람은 그런 행위를 현명하다고 생각하지 않는다. 오히려 어리석은
일이라 생각하고 부끄럽게 여긴다. 하나님은 공의롭고 공평하신 분이기
때문이다. 내세가 있고 선악간에 심판이 있음을 믿기 때문이다.

　　자신을 정당화하고 합리화하기 위해, 그리고 자신의 입지를 강화하
고 자신을 돋보이게 하기 위해서는 어쩔 수 없이 상대를 물고 찢어야 한
다. 동아리에 흠집을 내지 않을 수 없는 것이다. 그렇게 되면 결과는 어

떻게 되겠는가? 그 악한 소위로 인하여 장차 하나님 앞에서 더 중한 심판을 받게 될 것이다. 하나님을 믿고 섬기는 사람이 어떻게 이 같은 어리석은 짓을 할 수 있단 말인가. 참으로 하나님을 믿고 섬기는 사람은 당장의 수모나 모함이나 오해로 인하여 곤경에 처한다 해도 그 시시비비는 모든 것을 아시는 하나님께 맡기고, 묵묵히 한결같은 모습으로 자신의 삶을 성실하게 살고 자신에게 맡겨진 임무를 충성스럽게 감당한다. 마침내 하나님께서 선하게 밝혀 주심을 믿기 때문이다.

요셉이 그러했다. 형제들로부터 미움을 사고 모함을 받아 죽을 지경에 이르렀어도 자신의 옳음을 밝히기 위해서 변명하거나 상대에게 흠집을 내지 않았다. 공의롭고 공평하신 하나님의 선하신 판단에 맡겼다. 그리고 마침내 그의 옳음이 드러났고, 그는 만인 위에 존귀한 자가 되었다.

짧은 인생이지만 달갑지 않은 사건을 수없이 만나게 된다. 그러나 당장은 감당하기 힘들고 벅차다 할지라도 하나님의 선하신 판단에 맡기고, 스스로 자신의 옳음을 밝히기 위해 이웃이나 동아리에 흠집을 내지 마라. 악을 더 쌓을 뿐이요, 중한 심판을 저축할 뿐이다. 자신을 위해서 이웃과 동아리를 흠집 내는 사람은 결코 좋은 나무일 수 없다. 열매를 보아서 나무를 아는 법이다.

하나님의 컴퓨터,
생명록과 행위록

이는 우리가 다 반드시 그리스도의 심판대 앞에 나타나게
되어 각각 선악간에 그 몸으로 행한 것을 따라 받으려 함
이라(고후 5:10)

어리석은 사람은 다른 사람을 의식하면서 살아간다. 당장 눈앞에 있
는 사람의 눈과 입의 비위를 맞추기에 급급하다. "사람들이 나를 어떻게
볼까, 사람들이 나를 어떻게 평가할까?"를 생각하면서 다른 사람들의
눈과 입술에 놀아난다. 때문에 자기 자신만의 진실한 삶을 살지 못하고
꼭두각시처럼 타의에 의해 움직여 산다. 그러나 지혜로운 사람은 다른
사람의 눈과 입을 의식하지 않고 하나님의 눈과 입을 의식하면서 살아
간다. "하나님께서 나를 어떻게 보실까, 하나님께서 나를 어떻게 평가하
실까?"를 생각하면서 하나님께 초점을 맞추어 살아간다. 때문에 언제
어디서나 진실하고 정직하며 의로운 삶을 살게 된다.

창세 이후로 모든 인생은 백보좌 심판을 받게 된다. 보좌 앞에는 두
종류의 책이 있는데 하나는 생명의 책 곧 생명록이요, 다른 하나는 행위

의 책 곧 행위록이다. 천국은 그 이름이 생명책에 기록된 사람들만이 들어간다. 생명책에 기록되지 못한 사람은 지옥 불못에 들어가게 된다. 누구의 이름이 생명록에 기록되는가? 예수 그리스도를 믿음으로 하나님의 자녀라는 권세를 얻은 사람들이다. 성도란 바로 그런 권세를 얻어 생명책에 기록된 사람을 말한다.

그러나 구원받은 이후가 중요하다. 구원을 얻은 성도는 행위록에 기록된 대로 상벌의 심판을 받게 되기 때문이다. 성도들은 이 세상에서 살 때 생각하고 말하고 행동한 모든 것이 이 행위록에 기록되고 그것에 따라서 심판을 받는다. 즉 생명록이나 행위록은 컴퓨터와 같아서 창세 이후의 모든 인생의 신상명세가 하나도 빠짐없이 입력된다. 즉 이 땅에서 나의 생각과 말과 행위가 하나님의 심판대 앞에 설 때 자신의 모습을 영광스럽게 만들기도 하고, 수치스럽게 만들기도 하는 것이다.

이 같은 진리를 아는 성도라면 사람의 눈과 사람의 입을 의식하면서 꼭두각시 같은 인생을 결코 살지 않는다. 또 그렇게 살 수도 없다. 언제 어디서나 하나님의 눈과 입을 의식하면서 하나님의 두 책에 기록될 자신의 모습을 떠올리며 삶을 진지하게 살아가고 성실하게 자신의 사명을 감당한다. 또 그렇게 살 수밖에 없다.

그대는 하나님의 심판대 앞에서 어떠한 모습으로 서기를 원하는가? 영광스러운 모습인가, 아니면 수치스러운 모습인가? 어떠한 모습이든 이 세상에서 그대의 생각과 말과 행위가 그대의 모습을 결정한다는 것을 명심하고, 하나님의 두 책에 아름다운 내용으로 기록되도록 생각과 말과 행위를 바르게 하기를 힘쓰라.

"무표정도 표정입니다"

우리가 만일 미쳤어도 하나님을 위한 것이요 정신이 온전
하여도 너희를 위한 것이니(고후 5:13)

　우리 성도들은 나를 보고서 "우리 목사님은 표정이 없는 분이셔."라
고들 말한다. 그러나 무표정도 표정이니까 표정 없다는 말은 맞지 않는
것 같다. 사실 무표정만큼 어려운 표정도 없다고 생각한다. 기쁠 때 기
쁜 표정을 짓고, 슬플 때 슬픈 표정을 짓는 것은 지극히 자연스러운 일
이다. 그러나 목사라는 신분이 즐겁고 기쁜 일이 있다고 해서 마냥 기뻐
하고 즐거워할 수 없고, 슬프고 괴로운 일이 있다고 해서 마냥 슬퍼하고
괴로워할 수 없다는 것이다.

　목사는 그때그때의 감정을 자유롭게 표현하지 못한다는 데 늘 긴장
이 있고 심한 압박을 받는다. 예를 들어, 양가가 모두 문벌과 신앙이 좋
아 행복한 결혼을 하게 될 때 얼마나 기쁘고 즐거운 일인가? 그러나 한
편 결혼 적령기를 놓치고 초조해 하는 성도의 자녀를 볼 때 여간 괴롭고

답답한 일이 아니다. 어떻게 마냥 기쁘고 즐거운 표정만 지을 수 있고, 어떻게 슬프고 괴로운 표정만 지을 수 있겠는가?

사업이 번창해서 감사하는 성도가 있는가 하면, 부도가 나서 파산 직전에 있는 성도도 있다. 원앙새같이 금실 좋게 행복한 가정생활을 하는 성도가 있는 반면에, 부부의 갈등으로 파경에 도달한 가정도 있다. 신앙생활이나 학교생활이나 가정생활에서 모범적인 자녀가 있는가 하면, 속을 썩이는 자녀도 있다. 순수한 믿음으로 교회를 섬기고 지역사회에서도 칭찬받는 성도가 있는가 하면, 뒤틀린 마음으로 매사에 탓하기 좋아하고 주변 사람으로부터 빈축을 사는 성도도 있다. 만났다 하면 은혜로운 간증이나 덕담으로 분위기를 뜨겁게 하는 성도가 있는가 하면, 만날 적마다 부정적인 말로 분위기를 냉각시키는 성도도 있다. 화목의 징검다리 역할을 하는 성도가 있는가 하면, 분쟁의 씨앗이 되는 성도도 있다. 목회 사역에 늘 협조적인 성도가 있는가 하면, 매사에 비판적인 성도도 있다. 예절 있게 보필하는 성도가 있는가 하면, 무례하게 군림하려는 성도도 있다. 적은 것 가지고도 하나님 사업에 넘치게 충성하는 성도가 있는가 하면, 많은 것 가지고도 계산적이고 인색한 성도도 있다.

목사는 어느 편에서 어떤 표정을 지어야 할까? 오전에 검은 넥타이를 매고 오후에는 화사한 넥타이를 매야 하는 목사를 가리켜 감히 '변덕쟁이'라고 말할 수 있을까? 초상집에서의 슬픔과 잔칫집에서의 기쁨을 어떻게 조화시킬 수 있을까? 그래서 목사는 탤런트가 되어야 한다는 사람도 있으나, 나 나름 무표정이 최상의 덕스러운 표정이라 터득(?)했기에 나는 '무표정의 표정'을 짓는다. 비록 무표정하나 어떤 형편에서도 성도들에게 위안이 되기를 바란다.

죽음을 눈앞에 둔 것처럼
살아가라

전도자가 이르되 헛되고 헛되도다 모든 것이 헛되도다…
일의 결국을 다 들었으니 하나님을 경외하고 그의 명령
들을 지킬지어다 이것이 모든 사람의 본분이니라 하나님
은 모든 행위와 모든 은밀한 일을 선악 간에 심판하시리라
(전 12:8, 13~14)

목사이기에 운명 직전의 사람을 많이 대하게 된다. 그때마다 느끼는
것은 운명 직전에 놓인 사람들은 대부분 겸허해지고 너그러워지며 진실
해진다는 것이다. 그들은 죽음을 앞두고서 그동안 섭섭했던 사람들에게
용서를 구하고 또 용서를 베푼다. 그리고 자신의 잘못을 뉘우치면서 전
혀 다른 사람같이 온유해지고 겸손해진다. 죽음 앞에서 인간의 한계적
존재로서의 유한성과 유약성을 보기 때문이다. 일인지하 만인지상의 권
좌에 앉아 보아도, 아방궁의 영화를 한껏 누려 보아도, 명예를 얻고 만
세에 길이 빛날 업적을 남겨 보아도, 지식과 재능과 수완을 자랑해도 죽
음 앞에서는 속수무책일 수밖에 없는 자신의 전적 무능성을 알게 되기
때문이다.

잔칫집에 가기보다는 초상집에 가는 것이 지혜라고 했다. 초상집에

서 자신의 진면목을 찾고 인생의 참 의미를 깨닫게 되기 때문이다. 죽음은 나를 바로 보게 하고 세상을 바로 보게 한다. 그래서 세상을 바르게 살게 한다. 성도에게 죽음은 바른 신앙생활을 하고 사명에 충실하며 하나님의 일에 충성과 헌신을 다하게 한다.

그러나 어리석은 인생은 죽음이 나와 상관없는 것으로 생각하거나 아주 먼 곳에 있는 것으로 착각한다. 그래서 여전히 교만하고 증오하며, 여전히 거짓과 불의한 방법으로 인생을 살아간다. 그러나 죽음은 먼 곳에 있는 것이 아니라, 언제나 내 앞에 있다는 것을 기억해야 한다. 그래야 겸손해지고 관용하며 사랑하게 되고, 진실과 정직과 의로운 삶을 살게 되고, 더욱 깊은 충성과 헌신으로 하나님의 일에 임하게 된다.

성수대교 붕괴로 죽어간 사람들, 대구 가스 폭발로 죽어간 사람들, 삼풍백화점 붕괴로 죽어간 사람들은 남이 아닌 바로 나 자신일 수 있었다. 성경에 말씀하기를 "너희는 내일 일을 자랑하지 말라 하루 동안에 무슨 일이 일어날는지 알 수 없음이라"고 했다. 예루살렘의 망루가 무너짐으로 여러 사람이 죽었다는 보고를 받은 예수님은 "저희가 너희보다 죄가 많아서 그리된 줄로 생각지 말라 너희도 회개치 않으면 저와 같이 되리라"고 말씀하셨다.

남녀노유, 지식의 유무, 재물의 다소에 관계없이 죽음은 지금, 여기, 내 앞에 있는 일이다. 그러므로 더욱 겸손해지자. 더욱 관용하고 사랑하자. 더욱 진실하고 정직하자. 더욱 의롭게 살자. 그리고 하나님만을 바라고 의지하자. 이것이 바로 여러 가지 사건을 통하여 보게 하시는 하나님의 의도이다.

인생을 굴리는 두 역사관

불의를 행하는 자는 그대로 불의를 행하고 더러운 자는 그
대로 더럽고 의로운 자는 그대로 의를 행하고 거룩한 자
는 그대로 거룩하게 하라 보라 내가 속히 오리니 내가 줄
상이 내게 있어 각 사람에게 그가 행한 대로 갚아 주리라
(계 22:11~12)

잘못 쓴 글씨를 지우개로 지우고 다시 쓰듯 잘못 살아온 인생을 지워
버리고 다시 살 수만 있다면 얼마나 좋을까? 잘못 산 물건을 다시 물리
듯 잘못 살아온 인생을 되물릴 수 있다면 얼마나 좋을까? 그리하면 다
소 실수가 있더라도, 얼마의 허물을 범한다 해도, 그렇게 후회스럽거나,
한스럽거나, 안타깝거나, 초조하거나, 긴장하지 않아도 될 것이다. 그러
나 인생이란 단회적인 것이기에 되물릴 수도 없고, 지우고 다시 쓸 수도
없다. 그러기에 매순간을 소홀히 살 수 없으며, 가볍게 생각할 수도 없
고, 경계와 긴장을 늦출 수도 없는 것이다.

한 사람이 어떻게 바르고 성실한 삶을 살았는가는 그가 어떠한 역사
관을 가지고 살았느냐에 따라서 결정된다. 그리고 내세관에 대해서 어
떤 자세를 가졌느냐에 따라서 결정된다. 역사관에는 '원' (圓)의 역사관

과 '선'(線)의 역사관이 있다. 원의 역사관을 따라서 살 때에는 철두철미한 윤리의식을 가질 수 없다. 왜냐하면 반복되는 삶이기에 다시 살 수 있다는, 또 기회가 있다는 생각이 오늘의 삶을 충직하고 성실하게 살지 못하게 한다. 그러나 선의 역사관을 가지면 철두철미한 윤리의식을 가지고 성실하게 살게 된다. 왜냐하면 인생은 윤회전생의 반복되는 삶이 아니요, 두 번 다시 기회가 주어지는 것이 아니기 때문이다. 그리고 역사의 정점에서 역사의 주관자이신 하나님 앞에 자신의 삶을 결산해야 되고, 그 결과에 따라서 영원한 광명의 세계에서 살지 영원한 어둠의 세계에서 살지가 결정된다는 것을 알기 때문이다.

성경은 선의 역사관을 가르치고 있다. 그래서 끝 날이 있다 했고, 결산의 순간과 회계의 순간이 있다 했고, 상벌의 순간과 심판의 날이 있다고 했다. 그날에는 영생과 영벌이 결정되고 영광과 수치의 상벌을 받게 된다고 했다. 성숙한 성도는 이 같은 성경의 가르침대로 바른 역사관과 내세관을 가지고서 오늘을 성실하고 충직하게 살아가는 사람이다. 적당히 세상 재미를 누리면서 스스로 지혜롭다 생각하는 약삭빠른 사람들은 철두철미한 성경의 역사관과 내세관을 갖지 못한 사람들이요, 가지고 있다 해도 철두철미하지 못한 사람들이다.

인생의 경주는 다시 뛸 수 없다. 토끼와 거북이의 우화처럼 토끼인 양하는 사람들은 잠에서 깨어나야 한다. 그리고 스스로 거북이임을 자처하는 사람들은 더욱 분발해야 한다. 자기 스스로 토끼라고 여긴다면 자만하지 말고 더욱 겸손하게 정진할 것이요, 거북이라고 여긴다면 게으르지 말고 더욱 정진해야 할 것이다.

예수의 마음 한가운데
그곳에서 만나자

누구든지 하나님의 뜻대로 행하는 자가 내 형제요 자매요
어머니이니라(막 3:35)

찢기고 씹혀 모두가 시원해 한다면 나는 달갑게 찢기고 씹히리라. 밟
히고 짓눌려 모두가 만족해 한다면 나는 달갑게 밟히고 짓눌리리라. 오
물을 뒤집어써도 모두가 존귀하게 된다면 나는 달갑게 오물을 뒤집어쓰
리라. 내게 핍박이 없음은, 내게 고난이 없음은 주님을 향한 움직임이
없기 때문이러니, 내게 핍박과 고난이 있다면 이는 아직도 주님을 향한
사랑의 미동이 내 안에 있음을 증거하는 것이매 나는 달갑게 핍박과 고
난을 받으리라.

뒹굴고 싶다. 그 누구든 허허로운 마음으로 힘껏 부둥켜안고 뒹굴고
싶다. 초원이든 가시덤불이든 서로의 마음을 읽을 수 있는 사람과 눈물
나도록 통쾌하게 웃으며 마음껏 뒹굴고 싶다. 천길 나락으로 떨어지듯
이토록 고독의 심연 깊은 곳으로 끌어내리는 것은 좌절케 하는 사탄의

손길일까? 아니면 사랑의 예수 그리스도의 깊은 품으로 안내하는 천사의 손길일까?

몸부림쳐 참을 보이려 해도 눈에 비치는 것은 바위와 안개일 뿐 답답하기만 하구나. 울고 싶다. 목 놓아 울고 싶다. 날아라. 훨훨 날아라. 풍요의 보금자리를 찾아 훨훨 날아라.

내가 머무는 이곳은 돌쩌귀도 없는 거적때기 문에 군불 피워 한기를 몰아낼 구들도 없는 승냥이 집 같은 황량한 곳이라면 어찌 묶어둘 수 있으리. 그래도 여기 나사렛 예수의 마음과 만날 수만 있다면, 겟세마네 동산의 예수의 무릎과 마주할 수만 있다면, 골고다의 예수의 뜻과 연합할 수만 있다면 돌쩌귀도 없는 거적때기 문이라도 여기가 천국 아니겠는가! 관용과 섬김이 없는 곳이 지옥일진대 사랑 없는 발걸음에 어찌 홍복이 따르리오.

사람이 그립다. 정말 사람이 그립다. 너울 벗은 사람이 그립다. 왜 이리 불안하고 두려운가? 동서남북 어디를 봐도 삼지창 때문이 아닌가! 하늘을 보라. 힘써 하늘을 우러르자. 거기 참의 근본이 계시며 거기 사랑의 원천이 계시매 힘써 하늘을 바라보자. 그리고 빛으로 오신 그분을 환영하고 모시어 들이라.

오소서. 주 예수 그리스도시여! 주만이 나의 모든 것이니이다. 위로와 기쁨을 주실 이도, 소망과 힘을 주실 이도, 평안과 용기를 주실 이도, 내게 안식을 주실 이도 주밖에 없나이다. 오셔서 내 마음 중심에 좌정하소서.

오라. 모두 오라. 나와 너 그리고 우리 모두 아집의 탈을 벗자. 그리하여 예수의 마음 한가운데 그곳에서 진정 형제와 동지로서 만나자. 너와

나 그리고 우리 모두 예수 안에서 하나 됨을 확인하자. 오, 주여! 우리 모두에게 자비를 베푸소서. 감격의 그 순간을 곧 허락하소서. 사이[間] 없는 만남이 속히 있게 하소서.

사람아, 사람아, 사람아 …….

참 좋은 교회를 찾아서

너희 믿음의 확실함은 불로 연단하여도 없어질 금보다 더
귀하여 예수 그리스도께서 나타나실 때에 칭찬과 영광과
존귀를 얻게 할 것이니라(벧전 1:7)

좋은 교회란 어떠한 교회일까? 웅장하고 화려한 건물이 있는 교회일
까? 냉난방은 물론 각양 편의시설이 갖춰진 교회일까? 덕망 있고 지체
높은 사람들이 많이 다니는 교회일까? 다양한 프로그램을 개발해서 대
내외적으로 활발하게 활동하는 교회일까? 개척교회를 많이 설립하고
해외에 많은 선교사를 파송하며 지원하는 교회일까? 감동적인 웅변을
토하는 설교를 잘하는 교회일가? 수준 높은 오케스트라와 협연하는 성
가대가 아름답게 찬미하는 교회일까?

좋은 교회를 만나야 축복된 신앙생활을 할 수 있다고들 말한다. 그래
서 주거지를 옮기게 될 경우 교회를 선택하는 문제로 여간 고심들을 하
는 게 아니다. 1~2개월을 두고 이 교회 저 교회로 예배 순례를 하는 것은
예사이고, 심하게는 1년이 넘도록 교회를 정하지 못하고 방황하는 성도

들도 있다. 그도 그럴 것이 정통 교단의 간판을 걸고는 있지만 이단 같은 교회도 허다하기 때문이다. 또 받은 은사에 따라 방언기도라도 할라치면 광신적인 귀신 작태라고 단죄하는 교회도 있기 때문이다. 또 말씀대로 조용하고 경건하게 교회생활을 하면 성령을 받지 못한 육에 속한 사람이라고 정죄받기 일쑤이기 때문이다. 그렇게 되면 가뜩이나 미숙한 신앙인데 그것마저도 잃어버리기 쉽기 때문에 좋은 교회, 자기 마음에 맞는 교회를 찾느라고 노심초사하면서 수고를 하는 것이다.

그렇다면 정말로 좋은 교회란 어떤 교회일까? 좋은 교회란 한마디로 양질의 성도와 양질의 목사가 있는 교회이다. 양질의 성도란 무엇보다도 먼저 성령으로 거듭난 성도가 양질의 성도이다. 중생하지 못한 사람은 생명이 없다. 생명 없는 존재는 부패할 수밖에 없고, 부패물에서는 심한 악취가 나게 마련이다. 그래서 문제가 있는 교회를 보면 예수 생명이 없는 중생하지 못한 사람들이 악취를 풍기면서 교회를 혼란케 하는 것을 본다. 중생한 성도가 많으면 교회는 생명체에서만 맡을 수 있는 싱그럽고 풋풋한 향으로 가득하기 때문에 교회의 분위기가 신선하다.

또 양질의 성도는 건강한 성도를 말하고 건강한 성도가 많으면 많을수록 좋은 교회이다. 건강한 성도란 육체의 건강을 말하는 것이 아니다. 육체는 병약할 수도 있고, 노약할 수도 있다. 그리고 불구요, 장애인일 수도 있다. 건강한 성도란 마음이 건강하고 영이 건강한 사람을 말한다. 건강의 특징은 밝고 힘차고 싱싱한 것이므로 마음과 영이 건강한 성도는 밝고 힘 있는 싱싱한 삶을 산다.

양질의 성도는 사랑으로 섬기며 이웃의 사정을 이해하고 협력을 잘한다. 예수의 마음으로 하나 되기를 힘쓴다. 구령열에 불타 전도에 열심을 낸다. 부끄럽지 않은 충성과 헌신으로 몸 된 교회를 섬긴다. 아무리 큰 업적을 이루고 공적을 쌓았다 해도 오직 하나님께만 영광을 돌린다. 남의 허물을 들춰내서 비판하지 않는다. 오히려 남의 허물을 자신의 허물인 양 안타까워하면서 그를 위해 기도하고 그를 위해 변호해 준다.

양질의 성도는 시기, 질투, 미움, 다툼이 없다. 오히려 이웃의 장점을 칭찬해 주고 그의 장점을 배우려고 노력한다. 자신과 자신의 가정에 대해서는 인색하나, 이웃을 돕는 일이나 하나님의 일에는 후하게 충성하고 봉사한다. 거칠거나 오만하지 않고 오히려 온유하고 겸손하다. 조급하게 성내지 않는다. 침착하게 인내하며 슬기롭게 문제와 상황에 대처한다.

그렇다면 양질의 목사는 어떤 목사를 말하는가? 한마디로 강단에서 선포한 말씀대로 살려고 노력하는 목사이다. 즉 행동으로 보이는 설교를 하는 목사이다. 이처럼 양질의 성도가 많으면 많을수록 좋은 교회이고, 그 위에 양질의 목사가 있는 교회가 정말 좋은 교회이다.

당신이 섬기는 교회는 어떠한가? 누구를 탓하기 전에 당신이 먼저 좋은 교회가 되도록 앞장서서 힘쓰고 노력하라. 그래서 하나님 앞에 설 때에 "참으로 좋은 교회를 섬기다가 왔구나."라고 칭찬받는 성도가 되라. 마지막 주님 앞에서 웃는 자가 성공한 그리스도인이다.

제4장

받은 은혜는 기억하되
정에 이끌려 불의에 눈감지 마라

받은 은혜는 평생토록 잊지 말고
기억하면서 힘써 갚아야 한다.
그러나 불의한 일을 묵인하거나 동조하거나
더욱이 불의를 편들고 변호해서는 안 된다.
의의 말씀을 따르는 자에게
하나님께서는 정도 붙여주신다.

만남과 헤어짐의 변(辯)

여호와여 도우소서 경건한 자가 끊어지며 충실한 자들이
인생 중에 없어지나이다(시 12:1)

만남 못지않게 귀한 것이 헤어짐이다. 어떻게 헤어지느냐에 따라서
만남의 가치가 드러나기 때문이다. 만남 중에는 헤어져 못내 아쉬운 만
남이 있는가 하면, 헤어져 시원하고 후련한 만남이 있다. 헤어지는 것이
못내 아쉬운 만남은 가치 있는 만남이요, 헤어져 시원하고 후련한 만남
은 가치 없는 만남이다. 어떠한 만남이든 만남에는 헤어짐을 내포하고
있다. 때문에 만남의 가치가 드러나기 위해서는 헤어질 때 아쉬운 마음
이 드는 만남이어야 한다.

아쉬운 헤어짐을 만들기 위해서는 만날 때 진실해야 한다. 순수해야
한다. 정(情)을 대지 아니한 사랑이어야 한다. 포장이 없는 마음이어야
한다. 그러려면 먼저 자기를 비워야(空) 하고, 자신을 줘야(施) 하고, 남을
섬겨야(奉) 한다. '비움'과 '줌'과 '섬김'은 바로 예수의 마음이요, 예수

의 모습이요, 예수의 삶이다. 성도는 예수의 마음을 가지고, 예수의 모습을 보이면서, 예수의 삶을 사는 사람이다.

예수의 마음과 마음이 만날 때 헤어짐도 아쉽게 된다. 헤어짐은 슬픈 것이나 아쉬운 헤어짐은 아름답다. 슬프도록 아름다운 헤어짐을 위해서는 더 많은 것들을 절제해야 한다. 꾸밈이 아닌 절제를 함으로써 값있는 만남과 헤어짐이 이루어지기 때문이다. 대체로 헤어짐에 실패하는 것은 절제하지 않기 때문이고, 절제한다 해도 꾸밈이 있기 때문이다.

인생은 만남과 헤어짐이요, 아름다운 만남과 헤어짐은 만듦[創]이요, 갈망[望]이요, 신앙[信]이다. 곧 인생은 예술이요, 종교요, 신앙인 것이다. 인생은 깊고, 넓고, 높다. 그러나 사람들은 인생을 너무 가볍게 생각하고 경솔하게 대한다. 그래서 아무 의미 없이 쉽게 만나고, 한 점 아쉬움 없이 쉽게 헤어진다. 때문에 세상은 이렇게 어둡고 어지러우며, 혼돈의 장막 속에서 질서의 빛을 찾기가 어려운 것이다.

이러한 혼돈 속에서 예수님은 빛이 되라고 말씀하셨다. 성도는 빛이 되어야 한다. 혼돈의 장막을 뚫고 온 누리를 밝게 비출 강한 빛이 되어야 한다. 그러려면 값없는 헤어짐이 되지 않도록 만남을 삼가야 한다. 그리고 의미 있고 가치 있는 만남을 만들어야 한다.

오늘도 스치고 지나간 사람들과의 만남을 생각해 본다. 그는 나에게, 나는 그에게 어떤 만남이었을까? 그리고 지금의 숱한 만남은 어떤 헤어짐을 잉태하고 있을까? 성숙한 인생의 삶은 아름다운 헤어짐을 잉태하고 낳기 위해서 선한 만남의 씨앗을 성실하게 심고 가꾸는 것임을, 형제여 그리고 자매여, 잊지 말고 기억하라!

'내어줌'의 삶이 행복이다

그러므로 무엇이든지 남에게 대접을 받고자 하는 대로 너
희도 남을 대접하라 이것이 율법이요 선지자니라(마 7:12)

인간은 관계성의 존재이다. 관계에 흠이 없으면 행복한 인생을 살게
되고, 관계에 흠이 생기면 불행한 인생을 살게 된다. 그런데 너나 할 것
없이 행복한 인생을 살기를 염원하면서도 인간이 관계성의 존재라는 것
에 대해서는 무관심하다. 행복한 인생은 결코 우연히 이루어지지 않는
다. 인간은 관계성의 존재라는 깊은 인식하에 바른 관계를 유지하기 위
하여 부단히 노력해야 얻을 수 있다.

바른 관계란 만남이 있는 관계이다. 만남은 대면이 아니라 대화이다.
대화는 인격이고, 인격은 사랑에서 나온다. 그러므로 바른 관계란 사랑
의 관계이다. 사랑은 소유가 아니라 '내어줌'이다. 땅의 사랑은 소유하
려는 사랑이고, 하늘의 사랑은 내어줌의 사랑이다. 곧 사랑의 관계는 땅
의 사랑의 관계가 아니라, 하늘의 사랑의 관계여야 한다. 소유하려 할

때는 긴장과 갈등이 생기고 다툼이 일어난다. 그러나 내어주려 할 때는 긴장과 갈등은 풀어지고 평화가 깃든다.

하나님은 인생들과 바른 관계를 갖기를 원하셔서 자신의 모든 것을 내어주셨다. 성육신(成肉身)은 하나님께서 주의 백성들과 바른 관계를 갖기 원하신다는 확실한 증거이다(요 3:16, 롬 5:8). 인생들도 하나님과 바른 관계를 가지려면 하나님께 자신의 모든 것을 내어드려야 한다. 성도이면서도 행복한 그리스도인의 삶을 살아가지 못하는 것은 땅의 사랑을 가지고 하나님을 소유하려고만 하고, 하늘의 사랑을 가지고 자신을 하나님께 내어드리지 않기 때문이다. 그래서 하나님과 대면은 있어도 대화가 이루어지지 않는다. 대화가 없기 때문에 만남이 무의미해지고, 만남이 이루어지지 않으므로 바른 관계를 갖지 못하는 것이다. 그렇기 때문에 행복한 그리스도인의 삶을 살아가지 못하는 것이다.

이웃과의 관계도 하늘의 사랑에서 나오는 인격적인 대화의 만남이 있어야 한다. 이웃과 바른 관계 속에서 행복한 인생을 살아가려면 역시 이웃을 위해 하늘의 사랑으로 내가 먼저 내어줌의 삶을 살아가야 한다 (마 7:12). 자연과의 관계도 마찬가지이다. 내가 먼저 자연에게 나의 것을 내어줄 때 자연과 바른 관계가 이루어지고, 아름다운 세계를 이룰 수가 있다.

행복한 인생을 위하여 바른 관계를 갖기를 부단히 힘쓰라. 소유욕을 버리고 하늘의 사랑으로 내어줌의 삶을 힘써 행하라. 그리하면 너도 나도 우리 모두가 행복한 인생을 살아갈 수 있다.

혜안의 눈을 가진 현자

외식하는 자여 먼저 네 눈 속에서 들보를 빼어라 그 후에
야 밝히 보고 형제의 눈 속에서 티를 빼리라(마 7:5)

사람이 사람다운 삶을 살려면 볼 것을 바로 보아야 한다. 곧 남에게
서 나를 보고, 나에게서 남을 볼 수 있어야 한다. 그래야 남을 이해하게
되고, 용서하고 사랑하게 된다. 남을 남으로만 보고 나를 나로만 보기
때문에 남을 이해하지 못하고, 용서하지 못하고, 사랑하지 못하는 것이
다.

"네 이웃을 네 몸과 같이 사랑하라"는 그리스도 예수의 말씀은 바로
남에게서 나를 보고, 나에게서 남을 보라는 뜻이다. 남의 실수와 허물,
단점은 바로 나의 실수와 허물과 단점이요, 나의 장점과 자랑 그리고 성
공은 남의 장점과 자랑과 성공인 것이다. 또 남의 욕구와 바람은 바로
나의 욕구와 바람이요, 나의 욕구와 바람은 그대로 남의 욕구와 바람인
것이다. 나의 실수와 허물 그리고 단점이 노출되기를 좋아하는 사람이

어디 있겠는가? 자신의 장점과 자랑과 성공을 싫어하는 사람이 또 어디 있겠는가? 남도 나와 똑같은 생각을 가질진대 나에게서 남을 보는 사람은 남의 허물과 실수와 단점을 이해하여 감싸주고 덮어준다. 그리고 남의 장점과 자랑과 성공을 기뻐하고 좋아한다.

사람은 많은데 사람다운 사람을 찾아보기가 매우 어려운 세상이다. 사랑으로 가득 찬 밝은 세상이 되려면 남에게서 남만 보지 말고 자기를 보며, 나에게서 나만 보지 말고 남을 볼 수 있는 사람이 많아져야 한다. 이러한 눈이 혜안(慧眼)이요, 이러한 눈을 가진 사람이 현자(賢者)이다. 바로 그리스도 예수의 눈이요, 그리스도 예수의 눈으로 남을 보고 자기를 보는 사람이다. 그래야 남의 눈에 들보가 바로 내 눈의 들보인 것을 볼 수 있고, 비로소 남의 눈의 티를 빼어줄 수 있으며, 자신의 눈의 티도 빼내게 된다. 그리스도 예수의 눈을 가진 사람은 성령으로 성별된 눈을 가졌다. 성별된 눈을 가진 사람이라야 하나님과 남(이웃)과 자기(나)를 바로 볼 수 있다.

당신은 진정 성령으로 거듭났는가? 당신의 눈은 정녕 성령으로 성별되었는가? 그렇다면 어찌하여 남의 허물과 실수와 단점을 남의 것으로만 보고 들추어내고 비판만 하려 하는가? 그것이 바로 당신의 실수와 허물과 단점임을 왜 보지 못하는가? 권위는 주어지는 것이 아니라 자신의 이름에 합당하게 생활하면서 자기 스스로 만들어가는 것이다. 때문에 그 누구도 권위를 인정해 주지 않는다고 원망할 수도, 불평할 수도 없다. 그러므로 무엇보다 먼저 혜안의 눈을 가진 현자가 되기를 힘쓰라.

받은 은혜는 감사하되
공사는 구별하라

예수께서 돌이키시며 베드로에게 이르시되 사탄아 내 뒤
로 물러가라 너는 나를 넘어지게 하는 자로다 네가 하나님
의 일을 생각하지 아니하고 도리어 사람의 일을 생각하는
도다 하시고(마 16:23)

배은망덕은 인면수심(人面獸心)이라고 했다. 받은 은혜를 잊어버리고
배은망덕한 것은 사람의 얼굴을 하고 있으나 짐승과 같다는 말이다. 그
렇다. 성숙한 인격을 가진 사람은 아무리 작은 것이라도 받은 은혜를 잊
지 않으면서 그 은혜를 갚으려고 힘쓰는 사람이다. 반대로 내가 베푼 은
혜는 아무리 큰 것이라도 공치사를 하지 않고 곧 잊어버리는 사람이다.
그런데 그것이 쉽지가 않다. 그래서 대부분의 사람들이 받은 은혜는 쉽
게 잊어버리고 감사할 줄을 모르며, 자신이 베푼 은혜는 눈곱만 함에도
두고두고 공치사를 하는 것이다. 대체로 가까운 관계였던 사람들이 서
로 원망하고 심하게는 증오하면서 다시는 안 볼 것같이 하는 것은, 받은
은혜는 잊어버리고 베푼 은혜만 기억하고 있기 때문이다.

그러나 한 가지 잊지 말아야 할 것이 있다. 그것은 받은 은혜와 공사

(公私)를 구별하는 것이다. 사람들은 받은 은혜와 공사를 구별하지 못하고 불의한 일인 줄 알면서도 묵인하거나 동조하는가 하면, 나아가서는 불의를 편들고 변호하는 일까지 생긴다. 하지만 비록 냉수 한 그릇을 대접받았다 할지라도 평생 기억하며 그 은혜를 갚으려고 힘써야 하나, 불의한 일일 때에는 이를 단호히 거절하고 의를 지켜야 하는 것이다. 의를 지킴으로 불이익을 당하고 때로는 생명의 위협을 받는다 할지라도 은혜와 공사는 엄격하게 구별해야 하는 것이다.

성도들이 하나님의 몸 된 교회를 섬길 때에 혹 가다가 인정과 하나님의 의의 말씀을 구분하지 못하고 혼동할 때가 있다. 남편이라고 해서, 아내라고 해서, 자식이라고 해서, 부모라고 해서, 형제라고 해서, 친구라고 해서, 가까이 지낸다고 해서, 은혜를 입었다고 해서 하나님의 의의 말씀보다는 인정을 따르는 경우를 본다. 그리고 이로 인해 하나님의 영광을 가리고, 교회에 부덕을 끼치고, 성도들에게 상처를 입히는 것을 본다.

배은망덕은 인면수심임에 틀림없다. 그러나 받은 은혜 때문에 정에 매여서 하나님의 의의 말씀을 흐리게 해서는 안 된다. 받은 은혜는 평생토록 잊지 말고 기억하면서 힘써 갚아야 한다. 그러나 불의한 일을 묵인하거나 동조하거나 더욱이 불의를 편들고 변호해서는 안 된다. 다 같이 망하는 어리석은 일이기 때문이다. 의의 말씀을 따르는 자에게 하나님께서는 정도 붙여주신다.

사심(邪心)이 없는
정인(正人)이 되어라

너희 안에 이 마음을 품으라 곧 그리스도 예수의 마음이니(빌 2:5)

미숙한 인격을 지닌 사람과 성숙한 인격을 지닌 사람은 그 사람이 인간관계에서 보이는 반응에 따라 그 차이를 알 수 있다. 어리석고 미숙한 인격의 사람은 이웃과 자신을 비교할 때 때로는 우월감이나 열등감을 갖고, 때로는 시기와 질투 혹은 경멸하는 반응을 보인다. 그러나 지혜롭고 성숙한 인격의 사람은 이웃과 자신을 비교할 때 긍정적인 것은 긍정적인 것대로, 부정적인 것은 부정적인 것대로 자신에게 유익한 교훈으로 받아들여 배우려고 애쓰고, 사랑으로 포용하며, 섬기려고 노력한다. 이런 사람들은 아무런 사심(邪心)을 품지 않는다.

예수의 마음은 바로 사심이 없는 마음이다. 성도는 예수의 마음을 가진 사람들이고 교회는 성도들의 모임이므로 교회 안에는 사심의 운기(運氣)가 없어야 마땅하다. 그러나 고질적인 시기와 질투심이 증후군처럼 번져 있어 지금 교회는 상처투성이가 되어 있다. 그래서 오늘의 교회는 사회와 역사 앞에 건강하고 아름다운 모습으로 비치지 못하고 있다.

교회가 약하고 추하고 매력 없는 모습을 가지고서야 어떻게 이 시대를 이끌어 나갈 수 있겠는가? 교회와 성도가 이 시대를 이끌어 가려면 매력이 있어야 한다. 매력 있는 성도, 매력 있는 교회가 되려면 사심을 버려야 한다. 시기와 질투심을 다스려야 한다. 열등감이나 우월감이 발을 딛지 못하게 해야 한다. 그리고 가난한 마음, 빈 마음을 가져야 한다. 모두를 포용하는 넉넉한 마음을 가져야 한다. 계산 없는 순수한 마음을 가져야 한다. 바다 같은 마음, 십자가의 마음을 가져야 한다.

사심을 버리지 못하면 시기 질투하게 되고, 그 시기와 질투는 긴장과 갈등관계를 형성한다. 그리고 긴장과 갈등은 분열과 분쟁을 초래하게 되고, 교회는 냉기류에 휘말리게 되어 사랑은 식고 기쁨도, 즐거움도, 찬송도, 감사도, 웃음도 사라지고 만다. 교회는 납골당이나 공동묘지처럼 음울하고 스산하게 되어 죽은 교회가 되고 만다. 시기 질투는 증오의 꽃을 피우고 증오의 꽃은 살인의 열매를 맺기 쉽다. 그래서 가인이 아벨을 죽였고, 요셉의 형들이 요셉을 사지(死地)로 몰아냈으며, 사울이 다윗을 죽이려 한 것이다.

본래적인 교회의 모습은 벽과 빗장이 없고 베일이 없어서 마음과 마음이 격의 없이 뜨겁게 교류되는, 참 만남의 장(場)이었다. 이 모습을 다시 찾아야 한다. 교회가 본래의 참 모습을 찾을 때 교회는 이 시대와 역사 앞에 매력 있는 존재로 당당하게 설 수 있고 또 그래야 이 시대를 바르게 이끌어 갈 수 있다. 그러므로 모든 성도는 지혜롭고 성숙한 인격의 사람이 되기를 힘써야 한다. 곧 사심이 없는 정인이 되어야 한다.

사랑을 하려면 짝사랑을 하라

(사랑은) 무례히 행하지 아니하며 자기의 유익을 구하지
아니하며 성내지 아니하며 악한 것을 생각하지 아니하며
(고전 13:5)

일반적으로 사랑은 주고받아야 행복하고 재미있고 즐겁고 좋은 줄로
생각하나, 실은 그렇지가 않다. 주고받는 사랑은 흥정하는 사랑이요, 계
산하는 사랑이다. 이는 상업적인 사랑이지 순수한 사랑이 아니다. 상업
적 사랑은 더 많은 차익을 얻으려고 하고, 그래서 투자한 만큼 얻지 못
할 때는 갈등하고 증오하게 된다. 그리고 끝내는 분쟁하고 분리하게 된
다. 이처럼 상업적 사랑은 파국을 전제하고 내포한다. 그래서 상업적 사
랑은 괴롭고 불행하고 슬프다. 노래이든, 연주이든, 시이든, 소설이든 사
랑을 주제로 한 작품들의 대개가 비극적인 것은 세속의 사랑이 상업적
사랑이기 때문이다.

그러나 짝사랑은 일방적인 사랑이다. 계산이 없다. 아무것도 기대하
지 않는다. 다만 잘해주고 싶은 마음뿐이다. 잘 보이고 싶을 뿐이다. 잘

해주고 싶되 전혀 요구하는 것이 없다. 사랑하는 이가 좋아하는 것이면 나도 좋아하고, 사랑하는 이가 기뻐하면 나도 기뻐하고, 사랑하는 이가 슬퍼하면 나도 슬퍼하고, 사랑하는 이가 괴로워하면 나도 괴로워하는, 사랑하는 이가 원하는 것이라면 무엇이든지 해주고 싶은 마음이다.

참으로 사랑이 가득한 세상을 원한다면 곧 사랑이 가득한 가정, 사랑이 가득한 교회, 사랑이 가득한 사회를 원한다면 서로가 서로를 짝사랑해야 한다. 부모를 짝사랑하라. 자식을 짝사랑하라. 형제를 짝사랑하라. 목사를 짝사랑하라. 성도를 짝사랑하라. 성도 피차간에 짝사랑하라. 상사를 짝사랑하라. 동료를 짝사랑하라. 부하를 짝사랑하라. 남편을 짝사랑하라. 아내를 짝사랑하라. 친구를 짝사랑하라. 짝사랑하는 곳에 행복의 열매가 맺히며 옹글게 영근다.

짝사랑은 아가페의 사랑이다. 곧 바라지 않고 내어주는 사랑이기 때문이다. 세상 사람들이 사랑타령에 장단 맞추어 춤을 추면서도 그 눈에는 왜 눈물이 흐르는가? 순수한 짝사랑이 아닌 상업적 사랑을 하고 있기 때문이다. 사랑하면서 슬픔이 있는가? 사랑하면서 아픔이 있는가? 사랑하면서 분노가 있는가? 사랑하면서 원망이 있는가? 사랑하면서 불평과 불만이 있는가? 사랑하면서 증오가 있는가? 그렇다면 누구를 탓하지 마라. 원인은 그대가 상업적인 사랑을 하고 있기 때문이다. 지금이라도 상업적인 사랑을 짝사랑으로 바꾸라. 그리하면 행복이 가득한 웃음꽃이 활짝 피리라. 사랑을 하려면 짝사랑을 하라.

아이 자라 어른 된다

너는 이방 나그네를 압제하지 말며 그들을 학대하지 말라
너희도 애굽 땅에서 나그네였음이라(출 22:21)

"아이 자라 어른 된다."는 말은 무슨 일이든 쉽게 이루어지거나 완성되는 것이 아니라는 뜻이다. 첫술에 배부를 수 없고, 천리 길도 한 걸음부터 걸어야 한다. 그런데 개구리가 올챙이 적 생각을 못하듯이 사람들이 서글픈 착각에 빠질 때가 있다. 자기는 마치 나면서부터 똥오줌 안 싸고 기저귀 한 번 차보지 않고 어른이 된 것처럼 착각하고, 좀 부족하고 미숙한 이웃을 보면 비웃고 업신여기는 것이다. 이는 웃을 일이 아니라 눈물겨운 일이다. 그래서 서글픈 착각인 것이다.

그대는 언제부터 그렇게 능숙한 기능인이 되었는가? 언제부터 그렇게 원숙한 인격자가 되었는가? 언제부터 그렇게 매끄러운 자태를 지니게 되었는가? 언제부터 그렇게 품위 있는 교양을 갖추게 되었는가? 이는 하루아침에 된 것이 아니라 오랜 세월 부모와 스승과 선배들의 인내

심 깊은 따뜻한 보살핌과 지도로 된 것이 아니던가? 그렇다면 내 이웃이 보기에 미숙하고 때로는 민망할 정도로 실수가 많더라도, 자신의 옛 모습을 생각하면서 부모와 스승과 선배들이 그랬던 것처럼 인내심을 갖고 따뜻한 보살핌과 지도를 해줌이 당연하지 않은가?

그러나 그렇게 하지 못하기 때문에 이웃에게 상처를 주고 관계에는 균열이 생기는 것이다. 성령으로 거듭나고 중생했다고 해서 즉시 완전한 성결의 사람, 완전한 신앙인격의 사람이 되는 것이 아니다. 점진적 성화나 온전한 신앙인격이 이루어지는 것은 점진적으로 그리스도의 형상을 닮아가는 것인데, 이것은 저절로 되는 것이 아니다. 부단한 경건의 훈련과 교육을 통해서만이 이루어지는 일이다. 이스라엘이 애굽에서부터 지녀온 나쁜 습성을 버리기까지는 무려 40년이라는 긴 광야생활을 통해서였음을 잊지 말아야 한다.

그러므로 성도 피차간에 허물과 실수 그리고 부족한 면이 보일 때 이를 비웃고 정죄하기 전에 그를 위해서 기도하고 사랑에서 우러나오는 지혜로운 조언을 아끼지 말아야 한다. 그렇게 할 때 가정도 화목하고, 교회도 평화롭고, 사회도 명랑하게 되는 것이다.

'아이 자라 어른 되는 것'이다. 그러므로 그대가 스스로를 어른스럽다고 생각한다면 돌이켜 '아이였을 때'를 생각해 보는 지혜를 가져야 한다. 그래야 이웃에게 군림하려는 오만의 죄를 범하지 않고 이웃을 섬기려는 겸손의 덕을 쌓게 된다. 아직도 서글픈 착각에 빠져 있는 이들이 있는가? 그렇다면 아이 자라 어른 된다는 것을 명심하라.

빚진 자의 마음으로 살아가라

피차 사랑의 빚 외에는 아무에게든지 아무 빚도 지지 말라
남을 사랑하는 자는 율법을 다 이루었느니라(롬 13:8)

건강하고 성숙한 성도는 빚 갚는 마음으로 살아간다. 따라서 교회는
빚진 자들이 많은 교회일수록 건강하고 아름다운 교회이다. 사람과 동
물의 차이는 동물에게는 염치가 없으나, 사람에게는 염치가 있다는 것
이다. 빚을 지고도 빚 갚을 생각을 하지 않는다면 그는 염치없는 인간이
다. 우리는 하나님께 구속의 은혜의 빚을 졌다. 그리고 이웃지간에 서로
에게 빚을 지고 살아간다.

일미칠근(一米七斤)이라는 말이 있다. 쌀 한 톨을 만들기 위해서 농부
가 흘리는 땀이 일곱 근이나 된다는 말이다. 이 같은 농부들의 땀 흘리
는 수고로 우리는 따뜻한 밥을 먹으며 산다. 직조공장 근로자들의 수고
로 아름답고 좋은 옷을 입고 산다. 운전기사, 항해사, 비행사, 기관사들
이 있기에 하늘과 땅과 바다를 안심하고 다닌다. 국군장병들의 철통 같

은 경계로 편안하게 잠을 잔다. 예술가들이 있기에 메마른 감정에 서정의 감미로운 물결이 일어 권태롭지 않은 삶을 살 수 있다. 장사하는 사람들이 있기에 이것저것 필요한 것을 구입해서 불편 없이 지내게 된다. 과학자와 발명가들이 있기에 보다 편리한 삶을 살게 된다. 미화원이 없어보라. 거리는 쓰레기더미로 산을 이루게 될 것이고, 부패하여 나는 악취로 더 이상 살 수 없게 될 것이다. 통신원이 없어보라. 원시적인 방법으로 교류해야 하는 그 답답함을 무엇이라 표현하겠는가. 선생님들이 있기에 무지에서 해방될 수 있고, 성직자들이 있기에 삶의 참된 가치가 무엇인지를 알게 된다.

이처럼 우리는 서로가 서로에게 은혜를 끼치기도 하고 은혜를 받기도 하면서 살아간다. 곧 서로에게 사랑의 빚을 지고 살아가는 것이다. 그러므로 피차에 모든 이웃들에게 서로서로 고마운 마음, 감사하는 마음을 가지고 섬기며 살아간다면 이 사회는 건강한 사회가 될 것이다. 요즘의 세상은 빚을 갚으려는 사람보다도 빚을 받으려는 빚쟁이들이 많기에 이렇게 살벌하고 소란스러운 것이다. 그러나 성숙한 교회일수록 빚진 자의 의식이 예민한 성도들이 많다. 교회는 이러한 채무자 의식을 가진 빚진 자들이 많아야 건강한 교회, 성숙한 교회이다. 그러므로 빚쟁이가 아니라 빚 갚은 자가 되기를 힘써야 한다. 빚쟁이의 마음은 살인자의 마음이요, 빚 갚는 자의 마음은 자비로운 사랑의 마음이다.

건강한 사회를 만드는
건강한 그리스도인

그런즉 너희가 먹든지 마시든지 무엇을 하든지 다 하나님의 영광을 위하여 하라(고전 10:31)

어떠한 모임이나 조직체이든 때론 분열과 분쟁으로 질서가 파괴되고, 불안과 두려움의 소용돌이에 휩싸이게 되는 것을 본다. 그 이유는 서로 이해하려 하지 않고 화합을 위해 협력하지 않기 때문이다. 인간은 외모가 다양한 만큼 생각도, 느낌도, 주의주장도 다양하다. 때문에 서로의 입장만을 내세우다 보면 마찰이 생기고 충돌할 수밖에 없다. 분리와 다툼 뒤에는 아픔이 있고, 아픔이 있는 곳에는 행복이 자랄 수 없다.

그러면 어떻게 분리와 다툼을 막을 수 있을까? 방법은 하나밖에 없다. 서로의 입장을 이해하려고 노력하는 것이다. 그런데 이해는 공동의 선을 지향할 때 가능하다. 공동의 선을 공통분모로 하고 화합의 최대공약수를 찾아내어 협력하면 된다.

성도들이 공동으로 지향하는 선은 무엇인가? 그것은 먹든지 마시든지 무엇을 하든지 다 하나님의 영광을 드러내는 것이다. 하나님의 영광을 공통분모로 했을 때 최대공약수는 하나님의 뜻을 실현하는 것이다. 하나님의 뜻은 하나님의 의의 나라를 건설하는 것이다. 하나님의 의의 나라는 하나님을 경외하는 사람들로 가득한 나라이다.

누가 하나님을 경외하는가? 하나님의 통치를 받는 하나님의 백성들이다. 누가 하나님의 백성이 되어 온전히 하나님의 통치를 받는가? 예수 그리스도를 믿어 하나님의 자녀가 된 권세를 얻은 자이다. 어떻게 하나님의 자녀가 되는 권세를 얻을 수 있는가? 복음을 듣고 예수 그리스도를 믿는 자이다. 전하는 자가 없이 어떻게 복음을 듣고 믿을 수 있는가? 성도는 바로 이 복음을 전하도록 먼저 부름을 받은 자이다.

때문에 이 같은 하나님의 뜻을 받들어 영혼 구원에 초점을 맞추어 살려고 할 때 한 발 뒤로 물러서서 생각하게 한다. 그리고 서로의 입장을 이해하게 되고 서로의 장점은 살리고 단점은 보완해서 협력하고 화합을 이루게 된다. 이 같은 삶의 자세는 교회 내에서만 아니라 교회 밖의 삶의 현장에서도 적용될 때 당장은 웃음거리처럼 비쳐지지만 마침내 복음 안에서 전체적인 화합을 이루게 된다.

하나님의 영광과 하나님의 뜻인 영혼 구원에 초점을 맞출 때 이해와 화합과 협력의 사람이 된다. 이러한 사람이 곧 건강한 그리스도인이요, 이 사회가 건강한 그리스도인으로 가득할 때 건강한 사회가 될 수 있다.

당신은 예수 그리스도의 제자인가

그러므로 함께 하늘의 부르심을 받은 거룩한 형제들아 우리가 믿는 도리의 사도이시며 대제사장이신 예수를 깊이 생각하라(히 3:1)

동문수학했다고 해서 다 제자가 되는 것은 아니다. 제자란 스승의 모든 것을 전수받아서 자신의 삶 속에서 스승의 삶을 재현하여 살아가고, 자신도 제자를 세워 그 제자에게 스승의 모든 것을 전수함으로써 이 세상에서 스승의 뜻이 실현되도록 온 힘을 기울여 살아가는 자이다.

성도란 예수 그리스도의 제자이다. 곧 예수님의 모든 것을 100% 받아들이고, 예수님의 삶을 내 삶에서 100% 재현하고, 자신도 제자를 세워서 예수님의 모든 것을 전수해 줌으로 이 세상에 그리스도의 뜻이 실현되도록 온 힘을 기울여 살아가는 자이다.

예수님은 소탈하고 진솔하며 자비로우신 분이다. 예수님은 가장 낮은 자리에서 모두를 섬기셨다. 예수님은 하나님의 뜻을 이루기 위해서 모든 것을 인내하신 분이다. 그리고 예수님은 과거사를 묻지 않고 다 지워버리시며, 바다같이 넓고 깊은 사랑으로 모든 것을 포용하시는 분이다. 그러므로 예수 그리스도의 제자인 성도는 자신의 삶 속에서 이 같은 예수님의 모습을 나타내 보이며 살아야 한다. 그리하면 세상은 살맛나고 신바람 나는 세상으로 변화될 것이다.

그런데 그리스도 예수의 제자라고 일컬어지는 성도에게서 이러한 예수님의 모습을 보이는 성도는 그리 많지 않은 것 같다. 동문수학했다고 해서 다 제자가 아님을 여실히 보여주는 현상이다. 예수께서 재림하실 때에는 세상에서 믿는 자를 찾아보기가 어려울 것이라고 하셨다. 믿는 자란 예수님을 구주로 믿고 예수님을 배움으로 예수님을 닮은 자이다. 즉 예수님처럼 소탈하고 진솔하고 자비롭고 모두를 섬기며 인내하고 원수까지라도 포용하는 자이다.

당신은 예수 그리스도의 제자인가? 그렇다면 소탈하고 진솔하게 살아가자. 자비를 베풀며 섬기는 삶을 살아가자. 모든 것을 인내하고 원수까지라도 포용하며 살아가자. 너와 나 사이를 너와 나 사이가 되지 못하게 하는 베일을 벗어 던지자. 두터운 벽도 무너뜨리자. 예수님과 예수님의 만남으로 예수님의 세상을 이룩하자.

꿀단지에서 꿀이,
오물단지에서 오물이

무릇 더러운 말은 너희 입 밖에도 내지 말고 오직 덕을 세
우는 데 소용되는 대로 선한 말을 하여 듣는 자들에게 은
혜를 끼치게 하라(엡 4:29)

꿀단지를 기울이면 꿀이 쏟아져 나오고, 오물단지를 기울이면 오물
이 쏟아져 나온다. 꿀단지에는 꿀이, 오물단지에는 오물이 가득 담겨 있
기 때문이다. 향 싼 종이에서 향내 나고, 오물 싼 종이에서 오물냄새 나
는 것과 같다.

피부가 검은 흑인이 하얗게 분칠을 한다고 해서 백인이 될 수 없고
학벌이 좋다고 해서 모두가 지성인은 아니듯, 교회에 오래 다니고 집사
나 권사나 장로의 직분을 가지고 있다고 해서 모두가 선한 성도인 것은
아니다. 중요한 것은 마음 깊숙한 곳에 무엇을 담고 있느냐 하는 것이다.

마음은 들여다볼 수도 없고, 뒤집어 보일 수도 없다. 그러나 대화를
나누어 보면 그 사람의 마음을 알 수가 있다. 마음에 담겨 있는 것이 말
에 묻어 나오기 때문이다. 그래서 습관적으로 하는 말이나 무의식적으

로 하는 말을 보면 그 사람의 됨됨이를 알 수 있다. 의도적으로 하는 말에서는 그 사람을 제대로 알 수가 없다. 얼마든지 선한 말로 꾸며서 할 수 있기 때문이다. 그래서 전혀 안면식이 없는 자리이거나, 어느 정도 익숙한 관계가 되었을 때 불쑥불쑥 내뱉는 말이 그 사람의 진면목을 엿보게 한다. 때문에 사람은 사귐이 깊을수록 매력을 더하는 사람이 있는가 하면, 사귐이 깊을수록 혐오스러운 사람도 있다.

그런데 문제는 같은 무리끼리는 자신들의 진면목을 모른다는 것이다. 악한 자들끼리 모여서 악한 말을 해도 그것이 악한 말인 줄을 모른다. 같은 분위기로 숙성되어 있기 때문이다. 그러므로 지혜로운 사람은 선한 무리를 가까이 하고 선한 무리와 어울리는 것을 좋아한다. 예수님은 바리새인들을 책망하며 말씀하셨다. "독사의 자식들아 너희는 악하니 어떻게 선한 말을 할 수 있느냐 이는 마음에 가득한 것을 입으로 말함이라 선한 사람은 그 쌓은 선에서 선한 것을 내고 악한 사람은 그 쌓은 것에서 악한 것을 내느니라"(마 12:34~35).

선한 사람이 누구인가? 생명이신 예수님을 모시고 예수님의 인도하심을 따라 살아가는 사람이다(요일 5:12). 악한 사람이 누구인가? 생명이신 예수님을 모시지 않고 어둠의 주관자인 마귀의 사주를 받아 살아가는 사람이다. 꿀단지를 기울이면 꿀이 쏟아져 나온다. 그러나 오물단지를 기울이면 오물이 쏟아져 나온다. 당신은 꿀단지인가? 아니면 오물단지인가?

소탐대실의 우를 범하지 마라

이 세상도, 그 정욕도 지나가되 오직 하나님의 뜻을 행하
는 자는 영원히 거하느니라(요일 2:17)

사울은 무명의 목동이었다. 그런 그가 하나님의 은총으로 통일왕국 이스라엘의 초대 왕이 되어 부귀공명의 큰 복을 얻게 된다. 그런데 사울은 그 큰 복을 지속적으로 누리지 못하고 모두 잃어버리게 된다. 이유는 작은 것에 대한 욕심 때문이었다.

사울이 왕위에 오르자 하나님께서는 사울 왕에게 한 가지 임무를 부여하셨다. 이스라엘이 모세의 인도를 받아 출애굽할 당시 이스라엘 백성의 앞길을 가로막고 대적한 무리가 있었는데 바로 아말렉 족속이었다. 하나님께서는 그 사건을 상기시키면서 사울에게 아말렉 족속을 진멸시키라고 하셨다. 진멸하되 사람이든 짐승이든 모두 진멸시키고, 어떠한 전리품도 취해서는 안 된다고 하셨다. 임무를 부여받은 사울 왕은 전장으로 나갔다. 그리고 하나님의 도우심으로 대승을 거두었다.

그러나 사울은 하나님의 말씀을 온전히 따르지 않았다. 값이 나가지

않는 것은 하나님의 말씀대로 진멸했지만, 값나가는 것은 진멸하지 않고 자기가 소유한 것이다. 이 일로 인해 하나님은 진노하셨고 사울은 왕의 자리를 더 이상 누리지 못하고 전사하고 말았다. 사울 왕은 작은 것을 탐내다가(小貪) 큰 것을 잃어버린 것이다(大失). 소탐대실(小貪大失)의 모형이다.

지금도 우리 주변에는 종종 소탐대실의 한으로 눈물짓는 사람들이 있다. 기백, 기천만 원을 탐하다가 평생토록 피땀으로 쌓아 올린 금자탑을 한순간에 무너뜨리는 각 분야의 귀인들을 볼 때 안타까움을 금할 수가 없다.

그러나 안타까움을 지나 마음을 더 아프게 하는 것이 있다. 그것은 세상 영화에 집착함으로 영원한 생명을 잃어버리는 것이다. 목숨은 온 천하보다 귀하다. 무엇을 주고 자기 목숨을 살 수 있겠는가? 없다. 그런데 그 귀한 생명을 가볍게 여기는 사람들이 있다. 부귀공명은 아무리 크고 화려하게 보여도 이 세상에서 끝나는 작은 것이다. 그러나 예수 그리스도 안에서 얻는 영생은 영원한 것이요, 큰 것이다. 세상 영화 때문에 영원한 생명이신 예수님을 배척하는 것은 소탐대실의 어리석음을 범하는 것이다. 또 세상 재미 때문에 예수님께 등 돌리고 세상을 가까이 하는 것, 그리고 육적인 일로 믿음 생활에서 멀어지는 것은 소탐대실의 어리석음을 범하는 것이다.

여러분의 영성은 지금 어느 쪽으로 기울어져 있는가? 육에 속한 세상 재미인가? 아니면 신령한 것에 속한 경건한 영성생활 쪽인가?

일어탁수와 일어정수

둘 다 추수 때까지 함께 자라게 두라 추수 때에 내가 추수
꾼들에게 말하기를 가라지는 먼저 거두어 불사르게 단으
로 묶고 곡식은 모아 내 곳간에 넣으라 하리라(마 13:30)

"동네마다 후레아들 하나씩 있다."는 속담이 있다. 사람이 모여 사는
곳에는 못된 사람도 섞여 있게 마련이고, 많은 것 가운데에는 좋은 것도
있지만 나쁜 것도 있다는 의미이다.

성경에 보면 예수께서 가라지 비유로 천국에 관해 말씀하셨다(마
13:24~30). 하늘나라는 자기 밭에 좋은 씨를 심은 사람에 빗댈 수 있다. 그
런데 사람들이 잠들었을 때 원수가 와서 밀 사이에 가라지를 뿌려 가라
지도 함께 자랐다. 종들이 와서 "가라지를 다 뽑아 버릴까요?"하고 묻
자, 주인은 추수할 때에 먼저 가라지를 거두어 묶어서 불에 태우고, 밀
은 거두어 곳간에 쌓으라고 말하였다.

그리고 예수님은 제자들에게 이 비유의 뜻을 설명해 주셨다. "좋은
씨를 뿌리는 이는 인자요 밭은 세상이요 좋은 씨는 천국의 아들들이요

가라지는 악한 자의 아들들이요 가라지를 뿌린 원수는 마귀요 추수 때는 세상 끝이요 추수꾼은 천사들이니 그런즉 가라지를 거두어 불에 사르는 것 같이 세상 끝에도 그러하리라 인자가 그 천사들을 보내리니 그들이 그 나라에서 모든 넘어지게 하는 것과 또 불법을 행하는 자들을 거두어 내어 풀무 불에 던져 넣으리니 거기서 울며 이를 갈게 되리라 그때에 의인들은 자기 아버지 나라에서 해와 같이 빛나리라 귀 있는 자는 들으라"(마 13:37~43).

동네마다 후레아들 하나씩 있듯 교회마다 후레아들 같은 가라지가 있다. 가라지는 이단의 무리들과 교회를 핍박하는 세상 권세자들과 육에 속한 그리스도인을 말한다. 성경에는 이러한 존재를 '포도원을 허는 여우'라고 했고 이러한 여우를 잡으라고 했다(아 2:15, 눅 13:31~32). 모든 인생은 하나님의 뜻을 이루는 일에 참여한다. 그러나 하나님께 사용되는 사람이 있는 반면, 하나님께 이용되는 사람이 있다. 하나님께 사용되는 사람은 큰 상을 얻지만, 하나님께 이용되는 사람은 버림을 받는다. 가룟 유다 같은 이는 하나님께 이용된 사람이고, 바울 같은 분은 하나님께 사용된 사람이다. 전자는 불의의 병기요, 후자는 의의 병기이다(롬 6:13).

일어탁수(一魚濁水)라고 했다. 미꾸라지 한 마리가 온 웅덩이를 흐려 놓는다는 뜻이다. 성도는 마땅히 자신이 속한 공동체에서, 바늘구멍같이 작지만 흐린 웅덩이를 맑게 하는 한 줄기 샘물(一魚淨水)이 될지언정 일어탁수가 되어서는 안 될 것이다. 오늘 당신의 모습은 어떠한가? 일어탁수인가, 일어정수인가? 바라기는 일어탁수가 아닌 일어정수이기를 빈다.

체중미달의 한국교회,
몸무게를 늘려라

그리스도를 위하여 너희에게 은혜를 주신 것은 다만 그를
믿을 뿐 아니라 또한 그를 위하여 고난도 받게 하려 하심
이라(빌 1:29)

100kg의 물건을 들어 올리려면 적어도 나에게 100kg의 힘이 있어야
한다. 들어 올릴 물건은 100kg인데 나에게 50kg의 힘밖에 없다면 그 물
건을 들어 올릴 수가 없다. 바로 오늘의 한국 교회의 실상이다. 교회는
그 시대의 역사와 사회를 책임져야 한다. 그런데 오늘의 한국교회는 한
국의 역사와 사회 앞에 책임 있는 모습으로 서 있지를 못하다. 감당할
힘이 모자라기 때문이다. 한국의 역사와 사회를 100kg이라고 한다면 오
늘의 한국 교회는 그 절반의 힘인 50kg밖에 되지 않는다. 왜 그런가? 교
회가 절반의 그리스도인, 반쪽의 그리스도인으로 채워져 있기 때문이
다.

그러면 절반의 그리스도인, 반쪽의 그리스도인이란 어떠한 그리스도
인인가? 빌립보서 1장 29절에 보면 하나님께서 주신 은혜의 선물이 두

가지이다. 하나는 예수님을 구주로 믿고 구원을 받아 천국에 들어가는 것이고, 다른 하나는 예수님과 함께 고난을 받는 것이다. 그런데 대부분의 그리스도인들이 예수님을 구주로 믿고 천국 가는 은혜의 선물은 기쁨으로 받아들인다. 그러나 예수님과 함께 가는 고난이라는 은혜의 선물은 노골적으로 배척하거나 아니면 애써 외면하려 한다. 왜? 예수님과 함께 가는 길은 힘들고 어렵기 때문이다. 불의의 세상에서 의롭게 살려면 핍박이 따르고 소외당하기 때문이다.

이렇게 절반의 은혜만을 누리는 반쪽짜리 그리스도인, 절반의 그리스도인이 모인 반쪽짜리 교회, 절반의 교회가 어떻게 이 사회와 역사를 감당할 수 있겠는가? 이것이 교회 수가 늘어나도 역사의 수레바퀴는 엉뚱한 방향으로 굴러가고, 사회는 날로 어두워지고 혼란해지는 이유이다. 이 책임은 절반의 영양식만 공급해 온 영적 지도자들에게 있다. 축복을 말하면 회중이 모여들고 예수님과 함께 받는 고난을 말하면 회중이 떠나가니까, 회중을 모이게 하기 위해서 축복이라는 말씀만을 편식하게 했기 때문이다.

기억하라. 하나님께는 많은 수의 사람이 아무런 의미가 없다. 소수라도 주님의 손과 발이 되어 주님의 뜻을 힘 있게 펼쳐 나갈 충성스러운 일꾼을 주님은 지금도 목마르게 찾고 계신다. 그러므로 영적 지도자들이여, 인기가 떨어져도, 회중이 떠나가더라도 구원의 복음과 고난의 복음을 골고루 섭취하게 하라. 그래서 한국교회로 하여금 몸무게가 늘어나게 해야 한다. 힘 있는 교회가 되게 해야 한다. 그래야 이 시대와 역사를 감당하고, 이 세상은 하나님 보시기에 좋은 세상으로 변화될 것이다.

"지금 당신의 회개, 그것 맞습니까?"

갇힌 중에서 낳은 아들 오네시모를 위하여 네게 간구하노라 그가 전에는 네게 무익하였으나 이제는 나와 네게 유익하므로 네게 그를 돌려 보내노니 그는 내 심복이라
(몬 1:10~12)

　근자에 크고 작은 회개 모임이 있다는 기사와 광고를 잇달아 접하면서 마음이 개운치가 않다. 회개의 잎은 무성하고 회개의 꽃은 화려한데 회개의 열매가 쉽게 눈에 보이지 않기 때문이다. 회개를 목청껏 외치며 목멘 참회의 고백과 눈물을 보이지만, 여전히 교권에 휘둘리고 명리의 달콤한 향에 취해서 비틀거리는 구태의연한 모습을 보인다.

　회개는 떠벌리는 것이 아니다. 조용하게 하는 것이다. 물론 안으로는 천둥번개 치듯 자아가 깨지고 부서지는 요란한 소리를 내지만, 밖으로는 명경지수와 같아야 한다. 깊은 강물이 표면은 조용하나 안으로는 물살이 강하게 흐르듯이 참 회개하는 사람은 겉은 조용하나 안으로는 마치 누룩처럼 자신이 속한 공동체 안에서 소리 없이 강한 변화의 물살을 일으킨다.

회개는 인위적인 운동으로 되는 것이 아니다. 1907년, 하디 선교사의 회개와 길선주 목사의 회개로 촉발된 전국적인 회개의 물결은 결코 인위적인 바람을 일으켜 된 것이 아니었다. 말씀을 들을 때 말씀과 함께 역사하시는 성령님에 의해서 회개했고, 회개의 열매가 풍성했다. 그리고 자신이 속해 있는 공동체를 변화시켰다. 이처럼 성령님에 의한 진실한 회개에는 반드시 열매가 따르고 객관적으로 주변의 인증을 받는다. 진실한 회개는 전염성이 있다. 작은 누룩이 밀가루반죽 온 덩이에 퍼지듯 마침내 자신이 속한 공동체와 사회 전반에 영향을 미쳐 하나님이 보시기에 좋은 세상으로 변화시키는 것이다.

예수 생명을 소유한 참 그리스도인은 끊임없는 자기 개혁이 있어야 한다. 참된 개혁에는 엄격한 자기 점검이 있어야 한다. 온전한 자기 점검을 위해서는 맑은 영성의 겸손이 있어야 한다. 그리고 객관적인 자기 평가를 해야 한다. 엄격한 자기 점검을 통한 자기 개혁이 없이는 하나님이 보시기에 좋은 사회개혁은 결코 일어나지 않는다. 곧 진정한 회개가 없이는 좋은 세상을 이룩할 수가 없다. 자신의 삶의 현장에서 빛으로 존재하여 어둠을 몰아내고 소금으로 존재하여 세상을 변화시켜 나아가는 것이 성도들에게 기대하시는 하나님의 뜻이다.

크고 작은 회개 모임과 회개 운동의 주역으로 활동하는 이들의 구태의연한 모습을 보면서 개운치 않은 마음을 시원케 해줄 대답을 기대하며 모두에게 묻고 싶다.

"지금 당신의 회개, 그것 맞습니까? 제발 조용한 가운데 강한 변화의 물결을 일으켜 나가지 않으시렵니까?"

다른 얼굴을 기대하는 시대의 요청

너희는 이 세대를 본받지 말고 오직 마음을 새롭게 함으로
변화를 받아 하나님의 선하시고 기뻐하시고 온전하신 뜻
이 무엇인지 분별하도록 하라(롬 12:2)

    지금부터 25년 전, 교회를 건축하면서 '그 놈이 그 놈'이라는 것을 실
감 있게 경험한 적이 있다. 총체적으로 부실공사였지만 그 중에서도 지
하 방수공사는 더욱 부실했다. 방수업체를 여러 번 바꾸면서 누수현상
을 잡아보려 했지만, 기초 방수공사가 부실한 까닭에 누수가 잡히지를
않고 지금까지 애물단지로 남아 있다. 그 당시 업자를 바꾸면서 방수공
사를 다시 할 적마다 똑같이 들은 말이, 앞서 공사한 업자부터 비난하는
목소리였다. "무슨 공사를 이따위로 했어? 이걸 공사라고 한 거야? 염
려하지 마십시오. 완벽하게 누수를 잡아 놓겠습니다." 그러나 결과는 마
찬가지였다. 방수가 되지를 않는 것이다. 그때 새삼 느낀 것이 '그놈이
그놈'이라는 자조적인 표현을 원하지 않지만 인정하지 않을 수 없었다
는 것이다.

그런데 이러한 현상이 불신의 세계에서만 있는 것이 아니라 신앙의 세계, 그것도 영향력이 있다는 영적 지도자의 세계에서도 발견되기에 허탈해지고 서글퍼지는 것이다. 자신이 작은 교회를 섬길 때에는 중대형 교회를 향하여 교회 건물을 크게 지어 성도들의 헌금을 낭비한다고 비난하였다. 그 재원으로 소외계층의 사람들을 돕는 것이 교회의 건강한 모습이라는 것이다. 막가는 세상에 옳은 목소리를 내는구나 싶어 그에게 기대를 걸었는데, 그도 교회가 성장하니까 지금은 공룡 같은 거대한 교회를 짓고 있다. '그 얼굴이 그 얼굴', '그 어른이 그 어른' 임을 인정하지 않을 수 없어 또다시 허탈해지고 서글퍼지는 마음을 어찌할 수가 없다.

또 이중장부로 세금포탈을 한다면서 불의하고 부패한 기업을 질타하는 교회가 교단의 세금과 같은 성격의 상회에 납부하는 부담금은 적게 내려고 교회의 재정출납 통계표의 수입 수치를 줄여서 보고하는 일을 아무렇지도 않게 자행한다. 이중장부로 세금 포탈하는 것과 조금도 다를 바가 없다. 오히려 의로움으로 포장한 불의한 일이기에 더욱 교활한 짓거리이다. 불신세계의 놀음과 다를 것이 없는 '그놈이 그놈' 인 주제에 어떻게 사회와 역사를 하나님께서 보시기에 좋은 세계로 전향적인 개혁을 이루어갈 수 있겠는가?

달라져야 한다. 얼굴이 바뀌어야 한다. 지금 교회 안에서나 교회 밖에서나 '그 얼굴이 그 얼굴' 인 위대한 분들에 대해서 식상해 하고 있다. '다른 얼굴' 을 기대하고 있다. 나라의 정치판도 마찬가지이다. '그분이 그분' 이다. 달라져야 한다. 바뀌어야 한다.

"하나님, 숨겨놓으신 칠천 명의 남은 자를 언제 풀어 놓으시렵니까? 그들로 하여금 일어나 머리를 들게 하소서. 일어나 빛을 발하게 하소서."

넋 나간 사람들에게 주시는
하나님의 음성

만물의 마지막이 가까이 왔으니 그러므로 너희는 정신을
차리고 근신하여 기도하라(벧전 4:7)

옛 성현이 교훈하기를 '필신기소처야'(必慎其所處也), 즉 "반드시 자
신이 머물러 있는 곳을 조심하라."고 했다. 생선가게에 들어가면 처음에
는 생선 비린내로 코를 막지만 오래 머물러 있으면 비린내를 맡을 수 없
게 되는데 이는 더불어 화했기 때문이고, 또 화원에 들어가면 처음에는
꽃향기를 깊이 들이마시지만 그곳에 오래 머물러 있으면 꽃향기를 맡을
수 없게 되는데 이 역시 더불어 화했기 때문이라고 하면서, 그렇기 때문
에 반드시 자신이 머물고 있는 곳을 삼가 조심해야 한다고 했다.

악한 무리와 함께하면 처음에는 악한 것에 대한 경계심을 갖게 되지
만 함께 어울리다 보면 악을 행해도 악으로 생각하지 않게 된다. 자신도
모르게 악한 것에 훈습되었기 때문이다. 또 선한 무리와 함께하면 처음
에는 선한 것에 대한 자긍심을 갖지만 함께 어울리다 보면 선을 행하면

서도 그것을 나타내지 않게 된다. 역시 자신도 모르게 선한 것에 훈습되었기 때문이다. 그래서 시편 첫머리에 보면 하나님의 자녀가 된 복 있는 사람은 악인의 꾀를 좇지 아니하고, 죄인의 길에 서지 아니하며, 오만한 자의 자리에 앉지 않는다고 했다. 복 있는 사람은 가야 할 길과 머물러 있을 곳을 알고 바로 처신한다는 뜻이겠다.

북악산 밑의 푸른 기와집이나 관악산 밑의 냉동창고 같은 큰 집에 살고 있는 어르신들의 평균 재산이 30억 원을 웃돈다고 한다. 민초들의 아둔한 머리로는 계산도 안 되는 숫자이다. 흔히 눈물 젖은 빵을 먹어 보지 않은 사람하고는 말도 섞지 말라고 했다. 소통이 되지 않기 때문이다. 위의 사람들도 눈물 젖은 빵을 먹던 고달프고 가슴 아픈 시절이 있었을 것이다. 집 없는 설움, 배고픈 설움을 뼛속 깊이 안고 살던 분들이기에 집 없고 배고픈 민초들의 사정을 누구보다도 더 잘 알고 이해하며 동병상련의 정으로 소통이 잘 되리라 생각했다.

그런데 지금은 어떠한가? '억의 세계'에서 안락한 삶에 익숙해진 그들은 민초들과 소통이 되지 않는다. 아니 아예 민초들과 소통할 생각을 갖지 않는다. 자신들과 뿌리가 같다고 생각되어서, 그래서 자신들의 아픔을 제대로 치유해 줄 것이라 기대했던 민초들은 배신감으로 분노했다. 그 분노의 불길이 거리의 촛불로 점화되었다. 예견된 현상이다. 호치민은 우리와 이념을 달리하는 사람이지만 이념을 초월해서 만인에게 존경과 사랑을 받으며 추앙받는 인물이 되었다. 왜인가? 민초들과 함께 투쟁할 때나 권좌에 앉게 되었을 때나 그의 의식과 생활은 변함없이 민초들과 함께 애환을 나누었기 때문이다.

그런데 더욱 큰 문제는 북악산 밑의 푸른 기와집을 자유롭게 드나드는 종교계의 지도자들이다. 그들 역시 '억의 세계'에 찌들어 있기에 '억의 세계' 사람들에게 아무런 영향을 주지 못하고 있다. 초록은 동색이라서 그런가 보다. 민초들과 소통하도록 민초들을 위해서 촛불을 들어야 할 사람들이 촛불을 들지 않으니까, 민초들이 직접 촛불을 들고 거리로 나선 것이다.

민심(民心)은 천심(天心)이라고 했다. 민초들의 소리는 바로 하나님의 소리이다. 예수께서 예루살렘 성에 입성하실 때의 일을 기억하는가? 연도의 민초들이 호산나를 외치는 것을 보고 바리새인들이 그들을 책망하라고 예수께 요청했을 때 예수께서는 "만일 이 사람들이 침묵하면 돌들이 소리를 지르리라"고 하셨다. 오늘의 교회와 성도, 특별히 교계 지도자들이 왜 빛을 비추지 못하고 있는가? 예수께서 말씀하신 대로이다. '억의 세계'에서 '안락한 잠'에 익숙해 있기 때문이다.

성도여, 교회여, 추앙받는 교계의 지도자들이여! '억'의 담장을 헐어 버려야 한다. 안락한 잠에서 깨어나야 한다. 그리고 자연의 촛불이 아닌 진리의 촛불을 높이 밝혀 들어야 한다. 거리의 촛불을 잠잠케 할 수 있는 것은 진리의 촛불밖에 없기 때문이다. "정신 차려라. 근신하라. 그리고 기도하라!" 억의 세계에서 안락한 잠에 취해 있는 넋 나간 사람들에게 들려주시는 하나님의 음성이다(벧전 4:7).

제5장

명리를 초월한
장인의 정신을 가지고 살라

지금은 그 어느 때보다도 자신의 삶과 함께 직분을
감당함에도 정성을 다하고 진지해야 할 때이다.
장인의 정신을 갖자.
세속의 명리를 초월한 진정 순수한 장인의 정신을 갖자.
진지한 삶을 살기를 힘쓰고 정성을 다해 일하기를 힘쓰자.

장인(匠人)의 정신으로

무슨 일을 하든지 마음을 다하여 주께 하듯 하고 사람에게
하듯 하지 말라(골 3:23)

그림을 그리는 사람이나 서예를 하는 사람이나 조각을 하는 사람들
의 열중하는 모습을 보면 예술의 경지를 넘어 신앙의 세계라 할 만큼 몰
아의 지경에 함입돼 있는 것을 본다. 그렇게 진지할 수가 없고, 그렇게
정성을 쏟을 수가 없다. 다른 사람이 보기에는 훌륭한 작품으로 보이는
데도 정작 작업에 임하는 사람은 마음에 들지 않는다고 찢어 버리고는
다시 쓰고, 부숴 버리고는 다시 만들기를 수없이 되풀이한다. 그렇게 해
서 만들어진 작품임에도 역시 본인은 마냥 아쉬운 표정을 짓는다.

이 땅의 모든 사람들이 이들처럼 명리를 초월한 장인(匠人)의 정신으
로 삶을 산다면 오늘의 세계는 지금처럼 어두운 세상이 되지는 않았을
것이다. 가정에서 부모가 자녀를 양육할 때에나, 학교에서 선생이 학생
을 교육할 때에나, 교회에서 지도자들이 성도들을 보살필 때에 장인의

정신으로 한다면 가정도, 사회도, 교회도 보다 복되고 아름다운 세계를 이루었을 것이다.

오늘을 사는 사람들은 인스턴트 시대라서 그런지 내면의 성숙함보다도 외적인 수량과 속도에 더 많은 관심을 가지고 있는 듯하다. 오늘의 교회 실상을 보면 구체적인 삶의 현장에서 책임적 존재로서 항상 거기 머물러 있도록 성도를 훈련하기보다는 무분별하고 무기력한 박제된 사이비 교인을 양산하는 것이 아닌가 라는 의구심과 함께 불안과 두려운 마음을 금할 길 없다.

목사는 물론이려니와 장로이든, 권사이든, 집사이든 직분을 받은 중간 지도자들은 청지기로서 장인의 정신으로 직분을 감당해야 할 것이다. 성가대원들이 찬양을 하는 것도 예외일 수 없고, 교회학교 교사들이 학생들을 지도하는 자세 역시 장인의 정신으로 해야 할 것이다. 속장들 또한 장인의 정신으로 섬긴다면 그 속회는 진정 그 지역의 소금이 되고 빛이 될 것이다.

지금은 그 어느 때보다도 자신의 삶과 함께 직분을 감당함에도 정성을 다하고 진지해야 할 때이다. 장인의 정신을 갖자. 세속의 명리를 초월한 진정 순수한 장인의 정신을 갖자. 진지한 삶을 살기를 힘쓰고 정성을 다해 일하기를 힘쓰자.

백마 탄 자여 내려오라

진실로 그는 거만한 자를 비웃으시며 겸손한 자에게 은혜를 베푸시나니(잠 3:34)

　　마태복음 21장에 보면 예수께서 나귀 새끼를 타고 예루살렘 성으로 입성하시는 장면이 나온다. 인류를 구원하시기 위해 만왕의 왕으로 오신 예수님의 행차치고는 너무나 초라하기 이를 데 없다. 팡파르가 울리지도 않고 호위하는 군졸도 하나 없다. 그래도 연도에는 수많은 군중들이 손에 손에 종려나무 가지를 꺾어 들고 흔들면서 호산나를 연호하며 열광적으로 환영하고 있다.

　　왜 하필이면 나귀 새끼를 타셨을까? 마태는 스가랴 선지자의 예언을 인용하면서 그 이유를 이렇게 설명하고 있다. "이는 선지자를 통하여 하신 말씀을 이루려 하심이라 일렀으되 시온 딸에게 이르기를 네 왕이 네게 임하나니 그는 겸손하여 나귀, 곧 멍에 메는 짐승의 새끼를 탔도다" (마 21:4~5). 이유는 분명하다. 언제나 겸손으로 섬겨야 할 것을 가르치신 예수께서는 겸손하게 섬기는 삶을 사셨고, 생애 마지막 순간까지 그 생활에서 변화가 없음을 역시 몸소 보여주셨다. 예수께서는 교만한 마음으로 자리다툼을 하는 제자들에게 서로가 겸손히 섬겨야 할 것을 말씀하셨고(막 10:35~45), 대야에 물을 떠다가 허리 굽혀 손수 제자들의 발을 씻겨 주셨다.

그러나 이 같은 예수님의 가르침과는 너무나 거리가 먼 가당찮은 꼴불견의 사람들을 우리 주변에서 심심찮게 만나게 된다. 나귀 새끼를 탄예수님 앞에서 백마 타고 꺼덕거리며 꼴값하는 모습들을 보노라면 "번데기 앞에서 주름 잡지 말라."는 비속어가 나올 법도 하다.

자기도 모르는 사이에 자신이 무언가 지녔다고 생각하는 이들이여! 무언가 힘이 있다고 생각하는 이들이여! 그래서 현란한 장신구로 한껏 모양새를 내고 백마에 높이 올라앉아서 자존의 목과 어깨에 힘을 주는 이들이여! 이제 백마에서 내려오라. 그대가 타고 있는 자존과 교만이라는 백마의 말발굽에 채여 상처 받고 고통 중에 신음하며 괴로워하는 이들이 비록 힘없고 가진 것 없으나 주께서 사랑하시는 이들임을 알아야 한다. 아직은 주님과 함께 나귀 새끼를 타고 섬겨야 할 때이다. 이제 머지않아 주님과 함께 백마 타고 왕 노릇 할 때가 이른다(계 19:11~16, 20:4~6).

그러므로 백마 탄 자들이여, 이제 곧 내려오라. 나귀 새끼 타신 예수님 앞에서 백마 탄 그대를 보고 박장대소하며 손가락질하는 마귀의 득의만만한 모습을 보지 못하는가? 크게 부끄러워하라. 그리고 어리석은 스스로에게 분노하라.

하나님께 자유한 성도

누가 너를 남달리 구별하였느냐 네게 있는 것 중에 받지
아니한 것이 무엇이냐 네가 받았은즉 어찌하여 받지 아니
한 것 같이 자랑하느냐(고전 4:7)

성숙한 믿음의 척도는 여러 가지로 표현될 수 있다. 기도를 많이 하
는 성도, 성경을 많이 읽고 배우는 성도, 전도를 많이 하는 성도, 사회봉
사를 많이 하는 성도, 헌금을 많이 하는 성도, 고매한 인품을 갖춘 성도
등등…. 그러나 뭐니 뭐니 해도 성숙한 믿음의 성도는 하나님께 자유한
성도이다. 즉 나의 일체가 하나님께 완전 개방되어 하나님께서 원하실
때 나의 어떤 부분이든 편안하게 마음껏 쓰시도록 하나님을 향해 전적
으로 열려 있는 성도이다.

어떤 성도는 기도도 많이 하고 전도도 많이 하지만, 하나님께 자신을
완전히 풀어놓지 못하고 '나' 라고 하는 아집의 말뚝에, '내 것' 이라는
미망의 말뚝에 꽁꽁 묶여 하나님께서 원하실 때 "이것만은 안 됩니다",
"이것만은 못 합니다" 하면서 하나님을 노엽게 한다. 어떤 성도는 자기

몸을 꽁꽁 묶어 놓고 육체 봉사를 원하시는 하나님의 손길을 뿌리친다. 어떤 성도는 아름다운 목소리를 꽁꽁 묶어 놓고 고운 음성의 봉사를 원하시는 하나님의 손길을 뿌리친다. 어떤 성도는 전문적인 지식과 기능을 꽁꽁 묶어 놓고 그 분야의 지식과 기능을 원하시는 하나님의 손길을 뿌리친다. 어떤 사람은 재물을 꽁꽁 묶어 놓고 재물을 쓰시겠다고 하는 하나님의 음성에 귀를 막는다. 참으로 민망하기 이를 데 없다.

흔히 청지기 신앙을 말한다. 하나님은 우리의 주인이시고 우리는 하나님의 청지기라고 고백한다. 실제로 청지기는 아무런 권한이 없다. 주인의 것을 맡아서 관리하는 것뿐이고 주인이 원할 때 보관하고 있던 것을 내어드리면 된다. 때문에 인색하다든지 후하다든지 하는 표현은 하나님을 섬기는 성도들에게는 맞지 않는 표현이다. 주인의 것을 주인이 필요로 할 때 내어드리는데 무엇이 인색하고 무엇이 후하단 말인가? 그래서 때로는 후한 충성을 했다고 자부하면서 조금은 거드름을 피우는 성도가 있는가 하면, 때로는 인색한 것 같이 느껴지는 자신의 섬김에 죄책감을 가지고 괴로워하는 성도도 있다.

기도를 많이 하는가? 성경을 많이 배워 알고 있는가? 사회 활동을 많이 하는가? 그렇다면 성도여! 이제 다시 한 번 조용히 자신을 돌아보라. 그대는 과연 하나님을 향해 그대의 어느 부분을 요구하시든지 편안하게 쓰실 수 있도록 서슴없이 내어드릴 수 있는 준비를 하고 있는가? 그대는 혹 '내 것'이라고 묶어 놓은 것은 없는가? 그래서 하나님의 심기를 불편하게 하고 있지는 않는가? 이제 그대의 모든 것을 풀어 놓아 하나님께 자유한 성도가 되라. 그리하면 하나님께 자유한 성도에게 내리시는 축복의 기쁨을 마음껏 누리게 되리라.

비평가의 눈으로
인생을 해부하라

너희가 전에는 어둠이더니 이제는 주 안에서 빛이라 빛의
자녀들처럼 행하라(엡 5:8)

인생을 조금이라도 바르게 살고자 애쓰는 사람이라면 수시로 자신의
삶을 객관화시켜서 냉혹하게 바라보아야 한다. 자신의 삶이 텔레비전이
나 영화 스크린, 혹은 연극 무대에 올려졌다 생각하며 평론가의 입장에
서 그 삶을 냉철하게 평가해 보는 것이다. 인생은 누구나 그림을 그리며,
이야기를 엮으며, 멜로디를 남기면서 산다. 캔버스에 그려진 자기 삶의
풍경이 어떠한지, 이야기 속의 주인공인 자신의 행적이 어떠한지, 오선
지 위에 실린 자신의 삶의 리듬이 어떠한지를 각 매체의 평론가의 입장
에서 수시로 평가할 때 그래도 조금은 발전된 삶을 살 수 있다.

그런데 안타깝게도 사람들은 일상이 너무 바쁘다는 이유로 자신을
돌이켜 보는 데 태만한 것 같다. 그러나 자기 점검의 생활을 기피하는
것은 스스로 인간이기를 포기하는 것과 같다. 인생이 짐승과 다른 점은

생각한다는 것이요, 양심이 있다는 것이요, 염치가 있다는 것이요, 꿈이 있다는 것이요, 영원을 사모하는 영적 존재라는 것이다. 양심이나 염치나 꿈이나 영원을 사모하는 것이 자신을 깊이 성찰하는 데에서 비롯된다고 볼 때, 깊이 생각하기를 기피하는 것은 스스로 인간이기를 포기하고 짐승 같은 삶을 살아가겠노라는 동물 선언과 다를 바 없다.

이제 조용히 자기를 점검해 보자. 객관화된 자신의 모습이 어떠하다고 판단되는가? 실제로는 놀부이면서 흥부인 양 살아오지는 않았는가? 실제로는 졸장부인데 대장부인 양 살아오지는 않았는가? 실제로는 돈 주앙 같으면서 요조숙녀인 양 살아오지는 않았는가? 실제로는 스크루지 같은 수전노이면서 산타 할아버지처럼 자선가인 양 살아오지는 않았는가? 실제로는 밴댕이 소갈딱지를 지닌 좀팽이면서 유비처럼 관인 후덕한 양 살아오지는 않았는가? 실제로는 거짓과 불의로 얼룩진 삶을 살아오면서 가장 정직하고 의로운 양 살아오지는 않았는가? 실제로는 육적이고 세속적으로 살면서 가장 신령한 양 살아오지는 않았는가? 실제로는 재물에 탐닉하면서 가장 청빈한 양 살아오지는 않았는가? 실제로는 무지몽매하게 생활하면서 가장 지혜로운 양 살아오지는 않았는가?

성도는 하나님의 좋은 연기자가 되어야 한다. 사탄의 꼭두각시가 되어서는 안 된다. 수시로 자신을 점검하고 평가해서 인간답게, 성도답게, 직분자답게 사는 삶을 살아야 한다.

"목사님은 누구 편이십니까?"

형제들아 내가 우리 주 예수 그리스도의 이름으로 너희를
권하노니 모두가 같은 말을 하고 너희 가운데 분쟁이 없이
같은 마음과 같은 뜻으로 온전히 합하라(고전 1:10)

내가 아는 어느 목사님의 이야기이다. 그 목사님은 교회 개척 초기,
심방을 마치고 돌아오는 길이었다. 마침 점심 먹을 시간이라 가까운 냉
면집으로 가서 냉면을 주문했다. 그때 심방에 동행하신 한 권사님이 느
닷없이 "목사님은 누구 편이십니까?"하고 묻더란다. 너무 갑작스러운
질문이라 목사님은 무엇이라고 대답할 수가 없었다. 잠깐 침묵의 시간
이 흐른 뒤 목사님은 이렇게 대답하셨다. "저는 하나님 편입니다."

그 교회는 개척 초기에 두 갈래의 세력이 형성되어서 교회의 주도권
을 놓고 서로 암투하는 초긴장의 분위기였다. 만약 목사가 처신을 잘못
해서 어느 한편에 기울게 되면 교회는 당장 풍비박산이 날 정도로 살얼
음판을 걷는 것 같은 어려운 목회였다고 한다. 그래서 목사님은 끝까지
불편부당의 입장을 견지하고 말한 대로 하나님 편에서만 섬겼더니, 지

금은 특정 세력 없이 평안한 가운데 교회가 성장하고 있다는 것이다.

지금은 추억 속의 한 토막으로 웃으면서 이야기하지만 목사님은 그때 그 질문을 받고 전무후무하게 가장 맛없는 냉면을 먹었다고 하면서, 아직도 당시의 사건이 씁쓸한 듯한 표정을 짓고 있었다.

성도 여러분은 누구 편인가? 그리고 목사가 누구 편이기를 바라는가? 고린도 교회는 성령을 받고 은사 체험도 풍성한 성도들이 모이는 교회였음에도 하나님의 영광을 가리고 사회의 빈축을 사는 아름답지 못한 교회로 소개되고 있다. 왜 그런가? 사람을 중심한 편싸움 때문이었다. 그래서 사도 바울은 권면하기를, "그리스도는 결코 나뉠 수 없는 분이다. 분열과 분쟁은 예수의 몸을 찢는 엄청난 죄를 범하는 것이니 모두가 예수 편에서 하나가 되라."고 했다.

교회가 교회다우려면 그 누구도 누구의 편이 되어서는 안 된다. 오직 하나님 편이어야 한다. 목사는 더 말할 것도 없다. 목사는 부자 편도, 가난한 자의 편도 아니다. 배운 자의 편도, 무식한 자의 편도 아니다. 개척자의 편도, 나중 나온 자의 편도 아니다. 오직 하나님 편일 뿐이다. 목사에게 내 편이기를 바라는 성도가 있다면 그는 언제나 목사에게 실망할 수밖에 없다. 그러나 성도들 역시 하나님 편에만 선다면 목사와 성도는 다 같이 하나님 편으로서 하나님의 영광을 높이 드러내며 즐겁게 교회를 섬겨 나갈 것이다.

"오직 나와 내 집은 여호와를 섬기겠노라"(수 24:15). 여호수아의 신앙 고백이다. 우리 모두 어떤 상황에서도 끝까지 하나님 편에만 서서 주를 섬기자.

분뇨통을 찾고
휴지통을 뒤지는 사람들

> 그러므로 너희가 그리스도와 함께 다시 살리심을 받았으면 위의 것을 찾으라 거기는 그리스도께서 하나님 우편에 앉아 계시느니라 위의 것을 생각하고 땅의 것을 생각하지 말라(골 3:1~2)

"착각은 자유"라는 말을 한다. 또 "제멋에 산다"는 말도 한다. 그러나 착각이나 제멋이 생사화복을 가름하는 분기점이 된다는 것을 알면 착각이나 제멋의 꿈에서 속히 깨어나야 할 것이다.

빌립보서 3장을 보면 사도 바울의 신앙고백을 접하게 된다. 사도 바울은 자신을 소개하기를, 명문가의 혈통을 가지고 있고, 최고의 학문적 지식을 쌓았으며, 윤리 도덕 면으로나 양심 면에서 거리낌이 없는 도덕가요, 양심가라고 했다. 또 로마 시민권을 가진 상류 계층의 고상한 부류라고 했다. 그러나 바울은 예수를 만나고 나서는 세상의 높고 귀하고 값지고 아름다운 모든 것을 배설물로 여긴다고 했다. 쓰레기같이 미련 없이 버린다고 했다. 이유는 하나, 곧 예수를 아는 지식이 진짜 가장 고상하다는 것을 깨달았기 때문이다.

그런데 교회 밖의 사람들은 말할 것도 없거니와 예수를 믿고 따른다는 교회 안의 사람들조차 사도 바울이 배설물로 여긴 세속적인 혈통, 신분, 지위, 지식, 재물, 명예, 세도 등에 물들어 있다는 것이다. 그들은 분뇨통을 찾고 휴지통을 뒤지면서, 오물과 쓰레기를 뒤집어 쓴 흉한 몰골을 하고도 가장 고상한 그리스도인인 양 착각하고 제멋에 취해 있다. 교회와 교회가 연합으로 모여서 활동할 때 이러한 꼴불견의 모습은 더욱 두드러진다. 도대체 무엇이 고상하고 무엇이 유치한 것인가?

바울은 분명 예수 그리스도를 아는 지식이 가장 고상하다고 했다. 예수 그리스도를 안다는 것이 무엇인가? 그 분이 구주임을 믿고, 그 분을 주로 모시고, 그 분의 지도만을 따르며, 그 분의 삶을 살고, 그 분의 증인으로서 생활 속에서 그 분의 아름다운 덕을 선전하며 사는 것이다. 그러므로 세상의 좋은 조건을 다 갖추었다 해도 예수를 알지 못하면 그는 유치한 그리스도인이요, 비록 세상의 좋은 조건을 다 갖추지 못했다 해도 예수를 더 깊이 알아 예수의 삶을 사는 사람이라면 그는 고상한 그리스도인인 것이다.

성도여! 성경이 말하는 고상한 그리스도인이 되기를 힘쓰라. 신앙의 지혜는 수시로 자기 자신을 돌아보아 혹 휴지통을 뒤지고 있지는 않은지, 분뇨통을 찾고나 있지는 않은지 점검하는 것이다.

기독교의 진수, 겸손

이에 예수께서 제자들에게 이르시되 누구든지 나를 따라
오려거든 자기를 부인하고 자기 십자가를 지고 나를 따를
것이니라(마 16:24)

대학 다닐 때 명문대 철학과에 다니는 한 친구가 묻기를 기독교의 진
수가 무엇이냐고 하였다. 나는 서슴없이 기독교의 진수는 "겸손"이라고
대답했다. 그랬더니 친구가 피식 웃으면서 "그래?" 하고는 말꼬리를 높
이는 것이었다. 무식하고 유치한 답변이라는 표정이었다. 그 친구는 나
의 답변이 보다 철학적이거나 신학적으로 표현하기를 기대했던 모양이
다. 그러나 그 친구는 겸손의 바른 의미를 몰랐기 때문에 시큰둥한 태도
를 보였다. 그는 겸손의 의미를 단순히 윤리적인 의식을 바탕으로 한 사
전적인 의미로만 이해했던 것이다.

겸손이라 하면 보통은 남에게 온유하고 공손하게 대하는 것쯤으로
생각한다. 그러나 성경이 가르쳐 주는 겸손의 의미는 남 앞에 부드러운
몸짓을 보이는 것이 아니다. 성경이 가르쳐 주는 겸손은 하나님 앞에서

의 겸손으로 내 뜻을 하나님 뜻에 온전히 복종시키는 것을 말한다. 그래서 빌립보서 2장 8절에서는 하나님 앞에 인간의 온전한 모습을 보여 주신 예수님에 해대 소개하기를, 예수님은 하나님의 뜻에 복종하되 십자가에서 죽기까지 하셨다고 했다. 가장 작은 것에서부터 큰 것에 이르기까지 내 뜻을 십자가에 못 박고 하나님의 뜻을 따르는 것이 바로 겸손이다. 하나님의 나라는 바로 이런 겸손의 사람으로 가득한 나라를 말한다.

성경에서는 하나님에 대한 겸손뿐 아니라 이웃에 대한 겸손도 남을 나보다 낮게 여길 뿐 아니라(빌 2:3), 나아가 예수 그리스도를 섬기듯 하라고 했다(엡 6:5~9). 예수 그리스도를 섬기듯 하라는 뜻이 무엇인가? 예수 그리스도에 대한 신앙고백대로 섬기라는 의미이다. 성도에게서 예수 그리스도는 왕이요, 주인이요, 스승이요, 구주로서 은혜와 사랑의 채권자이시다. 달리 표현하면, 성도는 예수 그리스도를 대할 때 신하로서, 종으로서, 제자로서, 채무자로서 섬긴다는 말이다. 그러므로 이 말은 곧 이웃을 대할 때 왕을 섬기는 신하처럼, 주인을 섬기는 종처럼, 스승을 섬기는 제자처럼, 채권자를 섬기는 채무자처럼 하라는 뜻이다. 이 같은 겸손의 뜻을 체험적으로 알게 된 바울은 자신을 표현할 때 사도 중의 말째라고 했다가, 다시 성도 중의 말째라고 했다가, 또다시 고백하기를 죄인 중에 괴수라고 한 것이다. 바울은 기독교의 진수로서의 겸손을 정확히 깨달은 것이다.

교만의 내용이 무엇이든 교만한 사람은 아직도 기독교의 진수가 무엇인지를 모르는 사람이다. 주님을 알되 아직도 주님을 깊이 모르는 사람이다. 하나님을 알면 알수록 참된 성도는 하나님과 사람 앞에 겸손하게 되어 있다.

그리스도인다운 그리스도인

오직 사랑 안에서 참된 것을 하여 범사에 그에게까지 자랄 지라 그는 머리니 곧 그리스도라(엡 4:15)

사람은 무엇에 관심을 갖고 무엇을 생각하느냐에 따라서 그의 외양까지도 그렇게 변화된다. 수녀들은 언제나 성모 마리아를 생각하고 성모 마리아 상 앞에서 기원을 드려서인지 실제의 얼굴 윤곽이나 형이 마리아 상 비슷하게 해맑고 청초하고 단아한 모습을 띤다. 또 스님들도 언제나 부처를 생각하고 부처상 앞에서 염불하고 참선을 해서인지 불상을 닮아간다. 실제로 그 사람의 외모나 말씨, 행동거지를 보면 그가 어느 직종에서 생활하는 사람인지 대충은 알게 된다. 선생은 선생대로 냄새가 나고, 장사꾼은 장사꾼의 냄새를 풍긴다.

성경의 기록을 보면(행 11:26) 성도가 그리스도인이란 호칭을 듣게 된것은 안디옥교회에서 비롯되었다. 그들은 사도들을 통해 말씀을 배우고, 금식하며 기도했다. 그리고 말씀대로 생활했다. 주위 사람들이 그들을 볼 때 예수님을 보는 듯했다. 작은 예수 같았다. 예수의 분신 같았다. 그래서 그리스도인이라고 불렀던 것이다.

하나님의 사람 모세도 그 얼굴에 광채가 나기 때문에 백성들이 그의 얼굴을 볼 수 없어서 얼굴에 수건을 썼다고 했다. 초대교회 최초의 일곱 집사 가운데 한 분인 스데반도 그 얼굴이 천사의 얼굴과 같이 빛났다고 했다(행 6:15). 무디도 이발관엘 가면 그의 풍기는 영적인 위압감으로 하여 이발소 안의 사람들이 조용해졌다고 한다. 그러나 이 같은 거룩한 모습과 영적인 위력은 한순간에 이루어지는 것이 아니다. 끊임없는 자기 훈련과 연단의 경건생활을 통해서만 이루어진다. 초대교회 시대에 아가톤이라고 하는 교부는 침묵을 훈련하기 위해 3년 간이나 입에다 자갈을 물고 지낸 뒤에야 비로소 어느 정도의 침묵을 배웠다고 한다. 대사도인 바울 같은 분도 날마다 순간마다 자신을 쳐 복종시키는 훈련을 했다고 성경은 기록하고 있다(고전 9:27). 사도들 이후 가장 예수 그리스도의 성품을 닮아가려고 사모하고 노력했던 성 프란체스코는 새들과도 대화를 하고 늑대도 순한 강아지처럼 따랐다고 했다.

오늘 1200만의 한국 그리스도인들이 안디옥 교회 성도 같은 그리스도인다운 그리스도인들이 된다면 이 나라는 쉽게 복음화되고 풍요로운 복지국가가 될 것이라 생각할 때 성도 개개인의 경건생활의 귀중함을 새삼 절감케 한다. 성도여, 예수를 바라보자. 힘써 예수를 배우자. 예수를 마음에 모시고 예수의 삶을 살아가자. 조금은 예수 닮은 모습이 보이도록 힘써 보자. 그래서 안디옥 교회 성도들같이 그리스도인다운 그리스도인이 되어 하나님의 의도대로 하나님의 아름다운 덕을 높이 드러내 보자(벧전 2:9).

성도는 선각자이다

세상에서는 너희가 환난을 당하나 담대하라 내가 세상을
이기었노라(요 16:33b)

성도란 단순히 예수 믿고 구원 받아 천국에 들어갈 사람이라는 의미
만 있는 것은 아니다. 성도는 시대의 선각자로 부름 받은 사람을 말한다.
누구를 선각자라고 하는가? 오늘을 진단하고 내일을 바라보며 미래에
나아갈 방향을 제시해 주는 사람 곧 먼저 깨닫고 앞서가는 사람이 선각
자이다. 즉 시대의 파수꾼이다.

구약시대에는 선지자들이 그 직능을 감당했다. 그들은 불의와 부정
과 부도덕한 환락으로 부패하고 타락한 현실을 고민하면서 하나님 앞에
나아가 무릎을 꿇었다. 돌파구를 알기 위해서였다. 그때마다 하나님께
서는 해법을 알려주셨다. 그러나 그 해법이라는 것이 회중 앞에 공개하
면 맞아 죽을 내용들이었다. 침 뱉음을 당하고 조롱받고 무시당하고 소
외당할 내용들이었다. 그 내용은 회중들이 현재 가장 행복하다고 여기

면서 마음껏 즐기고 있는 삶이 사실은 크게 잘못된 삶이요, 그 끝은 파멸이라고 고발하고 그 삶에서 돌이켜야 한다는 것이었다. 그리고 새롭게 제시하는 삶의 방향이란 것도 죄악에 숙성되어 어두운 삶에 익숙해 있는 자들에게는 낯설고, 흥미 없고, 그래서 코웃음 치며, 조롱하는 내용들이었다.

그러나 선지자들은 외치지 않을 수 없었다. 하나님께서 명하시는 일이기에 회중들에게 무시당하고, 멸시와 조롱을 당하고, 또 소외당하고, 생명의 위협을 당해도 목소리를 높여 외쳤다. 그래서 뭇매를 맞기도 하고, 옥에 갇히기도 하고, 톱에 잘려 죽기도 하고, 목 베임을 당해 죽기도 했다. 그러나 그들이 선포한 하나님의 말씀은 그대로 이루어졌다. 선포된 말씀대로 어둠을 따르던 자들은 망했고, 빛을 따르던 자들은 영광을 얻었다.

성도는 선각자이다. 이 시대의 파수꾼이다. 구약의 선지자와 같은 직능을 자신의 삶의 현장에서 감당해야 할 사람들이다. 예나 지금이나 선각자는 외롭다. 저항을 받는다. 조롱을 받고 소외를 당한다. 그래도 선각자의 길을 포기해서는 안 된다(갈 6:9). 주님과 함께 당하는 고난은 잠깐이고, 주님과 함께 누릴 영광은 영원하기 때문이다(롬 8:18).

그러므로 성도들이여, 외롭고 힘들어도 이 시대의 파수꾼으로서 선각자의 직능을 줄기차게 감당해 가라. 승리하신 주님께서 함께하신다. 어두운 현실과 타협하면 자신도 망하고 세상도 망하게 된다는 것을 기억하라. 성도는 시대를 앞서가는 선각자이다.

꼴값을 해야 참된 성공

내가 진실로 진실로 너희에게 이르노니 한 알의 밀이 땅에 떨어져 죽지 아니하면 한 알 그대로 있고 죽으면 많은 열매를 맺느니라(요 12:24)

성공한 사람이 훌륭한 사람이 아니라, 훌륭한 사람이 성공한 사람이다. 말장난 같지만 사실이다. 주변을 돌아보면 성공했다고 목과 어깨에 힘이 들어가 있는 사람을 심심치 않게 만날 수 있다. 그러나 존경과 사랑의 마음으로 우러러볼 수 있는 훌륭한 사람은 쉽게 찾아볼 수가 없다.

사람들은 소기의 목적을 이루었을 때 성공했다고 말한다. 정치 지망생이 국회의원 배지를 달면 성공했다고 한다. 고시원에서 불철주야 고시준비를 하던 사람이 사법고시나 행정고시에 합격하고 판검사나 고위 공직자가 되면 성공했다고 한다. 가난이 한이 되어서 부지런히 일하여 많은 돈을 벌고 큰 기업체를 세우면 성공했다고 한다. 학문의 금자탑을 이루어 박사학위를 받고 대학교수가 되면 성공했다고 한다. 의학을 공부하고 힘들고 고달픈 연수과정을 거친 뒤에 전문의가 되면 성공했다고 한다. 운동선수로서 올림픽에서 금메달을 목에 걸면 성공했다고 한다. 이처럼 각각의 분야에서 소기의 목적을 이루었을 때 성공했다고 생각하면서 자랑스러워한다.

그러나 아직은 성공했다고 조급한 판단을 해서는 안 된다. 참된 성공은 그가 얼마나 가치 있는 삶을 사느냐에 있기 때문이다. 가치 있는 삶이란 '꼴' 대로의 삶을 말한다. 소위 '꼴값'이라고 이르는 것이다. 꼴값을 해야 비로소 훌륭하게 성공한 사람이다. 꼴값을 하는 사람은 성공을 자랑하며 누리는 사람이 아니다. 꼴값하는 사람은 자신을 성공하게 해준 사회 앞에 겸손하게 그 성공을 제물로 내놓는 사람이다. 곧 자신을 희생해서 많은 사람을 유익하게 하는 사람이다. 이러한 사람이 가치 있는 삶, 꼴값 하는 삶을 살아가는 훌륭한 성공자인 것이다. 가까이는 유한양행의 창업주인 유일한 같은 분이나, 한국의 슈바이처라고 불리는 장기려 박사 같은 분들이다. 멀리는 평생을 핍박받으며 감옥생활을 했지만 정권이 바뀌고 최고 통치자가 되었을 때 핍박자들을 관용하고 품었던 남아공의 만델라 대통령 같은 분들이다.

당신은 어떤가? 성공한 인생이라고 생각하는가? 성공했으므로 훌륭한 인생이라고 생각하는가? 성공을 원한다면 어떤 성공을 원하는가? 성공한 사람이 훌륭한 사람이 아니라 훌륭한 사람이 성공한 사람임을 잊지 말고 기억하라. 훌륭한 사람은 자신의 성공을 죽여 많은 이들을 유익하게 하는 사람이다.

인생의 삶에는 NG가 없다

스스로 속이지 말라 하나님은 업신여김을 받지 아니하시
나니 사람이 무엇으로 심든지 그대로 거두리라(갈 6:7)

　사후(死後)에 사람들로부터 "주님을 참으로 사랑했던 사람, 그리고 하나님께서 주신 사명을 멋지게 감당했던 사람"으로 기억되고 평가받기를 소원한다면 최선을 다해 아름다운 삶을 연출하며 살아가야 할 것이다.

　호랑이는 죽으면 가죽을 남기고 사람은 죽으면 이름을 남긴다고 했다. 그런데 문제는 어떠한 이름을 남기느냐 하는 것이다. 아름다운 내용으로 이름을 남기느냐, 아니면 추한 내용으로 이름을 남기느냐 하는 것이다. 세종대왕이나 성웅 이순신, 도산 안창호나 안중근 의사 같은 분들은 아름다운 내용으로 이름을 남긴 분들이다. 그러나 매국노 이완용이라든지, 배신자 김질, 폭군 연산군 같은 이들은 추한 내용으로 이름을 남긴 사람들이다.

당신은 어떤가? 멀리 있는 사람은 그만두고 가까이 있는 가족들에게 어떻게 평가되리라 생각하는가? 당신이 별세한 후 가족들이 당신을 추모하며 예배를 드릴 때 가족들이 당신을 어떻게 평가하면서 추모하리라 생각되는가? 물론 가족이기 때문에 추한 내용보다는 아름다운 내용을 추억하면서 선하게 평가할 것이다. 그러나 어떤가? 가족들이 당신을 선하게 평가할 때 그 평가에 당신은 부끄러움 없이 동의할 수 있는가?

사람은 누구나 자신의 삶을 그대로 나타내는 원고지와 도화지, 오선지가 있다. 자신의 삶이 그대로 원고지에 이야기로 기록되고, 도화지에 그림으로 그려지고, 오선지에 멜로디로 흐른다. 그렇다면 당신은 어떤 이야기, 어떤 그림, 어떤 멜로디로 나타나리라 생각되는가? 좋은 이야기일까, 나쁜 이야기일까? 아름다운 그림일까, 추한 그림일까? 감미로운 멜로디일까, 시끄러운 멜로디일까? 당신은 어떤 사람으로 평가받기를 원하고 어떤 사람으로 기억되기를 원하는가?

진정 이 세상에서 선한 사람으로 기억되기를 원하고, 마지막 주님 앞에 설 때에 좋은 평가받기를 원한다면 최선을 다해서 좋은 이야기를 엮어가고, 아름다운 그림을 그려가고, 감미로운 멜로디를 남기기를 힘쓰라. 잘못 쓴 글씨는 지우고 고쳐서 다시 쓸 수 있다. 그러나 잘못된 삶은 지울 수가 없다. 인생의 삶에는 NG가 없다. 당신의 삶은 삶 그대로 흔적으로 남게 된다. 그러므로 한 번 주어진 시간과 기회를 놓치지 말고 꽉 잡고 선용하라. 그리하면 이 세상에서도 선하게 추억되며, 주님 앞에서도 좋은 평가를 받게 될 것이다.

날마다, 순간마다 주님과 동행하라

나는 마음이 온유하고 겸손하니 나의 멍에를 메고 내게 배
우라 그리하면 너희 마음이 쉼을 얻으리니(마 11:29)

성도는 예수 그리스도와 함께 세례를 받고 연합된 자이다. 그렇기 때문에 바늘 가는 곳에 실 가듯, 성도는 언제나 예수 그리스도와 함께 살아간다. 예수님의 생각으로 생각하고, 예수님의 눈으로 보고, 예수님의 귀로 듣고, 예수님의 입으로 말한다. 예수님의 발로 발걸음을 옮기고, 예수님의 손으로 활동한다. 이처럼 예수님과 함께하는 삶에는 갈등이 없다. 갈등이 없기에 평안하며, 범사에 기쁘고 즐겁고 행복하다. 절로 찬양과 감사가 흘러나온다.

성도의 마음과 생활에 왜 갈등이 생기는가? 왜 번민하고 괴로운가? 왜 불안하고 두려운가? 왜 좌절하고 탄식하는가? 왜 근심하고 절망하는가? 왜 불평과 불만과 원망을 하게 되는가? 이유는 간단하다. 예수 그리스도와 연합된 자로서 예수 그리스도의 마음과 뜻을 같이하지 못하기

때문이다. 예수 그리스도와 마음과 뜻이 맞지 않기 때문이다. 곧 예수 그리스도의 뜻을 따르지 않기 때문이다.

예수께서 말씀하셨다. "수고하고 무거운 짐 진 자들아 다 내게로 오라 내가 너희를 쉬게 하리라 나는 마음이 온유하고 겸손하니 나의 멍에를 메고 내게 배우라 그리하면 너희 마음이 쉼을 얻으리니 이는 내 멍에는 쉽고 내 짐은 가벼움이라 하시니라"(마 11:28~30). 나의 멍에를 메고 내게 배우라는 말씀이 무슨 뜻인가? 바로 예수님과 연합된 자로서 예수님과 같은 마음, 같은 뜻을 가지고 예수님과 같이 움직이라는 것이다.

그렇게 하면 "마음이 쉼을 얻으리라"고 하셨다. 쉼은 안정과 평안함을 말한다. 쉼에는 기쁨이 있고 즐거움이 있다. 곧 어느 곳에 있든지 삶이 행복하다. 쉼은 여유요, 풍요로움이요, 보다 나은 삶을 위한 숨 고름이다.

마음과 생활에 갈등이 있는가? 평안이 없는가? 기쁨과 즐거움이 없는가? 내 주의주장을 버리라. 그리고 내 뜻을 예수님의 뜻에 맞추고 그리스도 예수의 인도하심만 따르라. 날마다, 순간마다 주님과 동행하라. 순종하는 만큼 평안과 기쁨과 즐거움과 행복이 있다. 순종하되 온전히 순종하라. 온전한 순종, 곧 온전히 주님과 동행하는 그곳에 진정한 행복이 있다.

강아지는 짖어도 열차는 달린다

귀 있는 자는 들을지어다(마 11:15)

마태복음 11장 16~19절에서 예수님은 강퍅하고 완악한 인생들을 가리켜 "피리를 불어도 춤추지 않고 장송곡을 불러도 애곡하지 않는다"고 하셨다. 복음을 전해도 기뻐할 줄 모르고 회개를 외쳐도 아무런 반응을 보이지 않는다는 말이다. 쇠귀에 경 읽기, 마이동풍, 모두 같은 뜻이다. 속어에 "강아지야 짖어라. 그래도 열차는 달린다."는 말이 있다. 긍정적으로는 주변에 신경 쓰지 않고 옳다고 생각되는 일을 소신껏 추진한다는 의미이고, 부정적으로는 유익하고 옳은 말을 들려주어도 어느 집 강아지가 짖는 듯 여기면서 제멋대로 행한다는 뜻이다.

그런데 구약성경을 보면 이스라엘 백성들이 하나님의 음성을 강아지가 짖어대는 소리쯤으로 멸시하다가 하나님의 진노로 멸망하거나 환란에 처한 것을 볼 수 있다. 이스라엘 백성들은 하나님께서 보내신 선지자들을 조롱하고 핍박하며 심지어 죽이기까지 했다. 이로 인해 결국은 북

쪽 이스라엘은 앗수르에게 멸망당했고, 남쪽 유다는 바벨론에 포로로 잡혀가서 70년 간 환란을 겪게 되었다.

오늘도 강단에서는 하나님의 사자들을 통하여 끊임없이 하나님의 말씀이 선포되고 있다. 만물의 마지막이 가까웠으니 정신을 차리고 깨어 기도하라, 모이기를 힘쓰라, 관용하라, 주의 일에 더욱 힘쓰라, 전도하라, 헌신하라, 봉사하라, 서로 사랑하라, 감사하라, 기뻐하고 찬미하라??…?. 그러나 바위처럼 미동도 하지 않고 제멋대로 교회생활을 하는 사람들이 있다. 마이동풍이요, 우이독경이다. 그들은 하나님의 음성을 뉘 집 강아지가 짖는 것쯤으로 여긴다.

잠언 1:24~33의 말씀에 귀를 기울여 들으라. 그리고 하나님의 말씀에 몸으로 응답하라. "내가 불렀으나 너희가 듣기 싫어하였고 내가 손을 폈으나 돌아보는 자가 없었고 도리어 나의 모든 교훈을 멸시하며 나의 책망을 받지 아니하였은즉 너희가 재앙을 만날 때에 내가 웃을 것이며 너희에게 두려움이 임할 때에 내가 비웃으리라 너희의 두려움이 광풍 같이 임하겠고 너희의 재앙이 폭풍 같이 이르겠고 너희에게 근심과 슬픔이 임하리니 그 때에 너희가 나를 부르리라 그래도 내가 대답하지 아니하겠고 부지런히 나를 찾으리라 그래도 나를 만나지 못하리니 대저 너희가 지식을 미워하며 여호와 경외하기를 즐거워하지 아니하며 나의 교훈을 받지 아니하고 나의 모든 책망을 업신여겼음이니라 그러므로 자기 행위의 열매를 먹으며 자기 꾀에 배부르리라 어리석은 자의 퇴보는 자기를 죽이며 미련한 자의 안일은 자기를 멸망시키려니와 오직 내 말을 듣는 자는 평안히 살며 재앙의 두려움이 없이 안전하리라."

당신은 하나님의 교훈의 말씀을 어떻게 대하고 있는가?

나는 '돼지인생'인가,
'천국시민'인가?

존귀하나 깨닫지 못하는 사람은 멸망하는 짐승 같도다

(시 49:20)

아이들은 공휴일이나 방학이 아니면 할아버지 성묘를 다녀올 기회가 없다. 그래서 적당한 기회를 찾던 중 마침 막내가 학교에서 실시하는 2박 3일의 극기 훈련을 다녀와서 하루를 쉰다고 하고, 둘째도 오전 말고 오후에 강의가 있다고 하기에 부랴부랴 성묘를 다녀왔다. 성묘를 할 적마다 생전에 못 다 섬긴 불충의 죄책감으로 하여 울적한 마음이 무겁기만 하다.

돌아오는 길에 천안 외곽도로로 접어들자 빨간 신호등이 걸려 잠시 정차해 있었다. 그때 옆에 앉아 있던 집사람이 말하였다. "어머 돼지들 좀 봐. 죽으러 가면서도 싸우네." 옆을 돌아보니 정말로 도살장으로 가는 듯한 트럭에 살찐 돼지들이 가득 실려 있고, 그중 두 마리가 코를 벌름거리며 싸우고 있는 것이 아닌가. 도살장으로 가는 듯한 차 안에서 싸우는 돼지들! 그 순간 언뜻 시편의 말씀이 떠오르면서 자칫 우리 인생도 저들 '돼지인생'과 다름없겠구나 하는 생각이 들었다. "존귀하나 깨닫지 못하는 사람은 멸망하는 짐승 같도다"(시 49:20).

아담의 범죄로 말미암아 이 땅에 사망이 들어오고 인간은 어쩔 수 없이 시한부 인생을 살게 되었다. 그리고 다 같이 마지막 주님의 심판대 앞에 서게 될 것이다. 그런데 바로 그 심판대를 향해 가면서, 죽음을 향해 가는 트럭에 같이 타고 있으면서 그 알량한 자존심 때문에, 티끌만한 이해관계 때문에 서로 시기하고 질투하고 증오하고 비난하고 불평하고 원망하고 혈기 내고 다투는 꼴이 이들 돼지와 조금도 다를 것이 없구나 싶었다.

"만물의 마지막이 가까이 왔으니 그러므로 너희는 정신을 차리고 근신하여 기도하라. 무엇보다도 뜨겁게 서로 사랑할지니 사랑은 허다한 죄를 덮느니라"(벧전 4:7~8). "너희 관용을 모든 사람에게 알게 하라 주께서 가까우시니라"(빌 4:5). "형제들아 너희가 자유를 위하여 부르심을 입었으나 그러나 그 자유로 육체의 기회를 삼지 말고 오직 사랑으로 서로 종노릇하라"(갈 5:13). "내 사랑하는 형제들아 너희가 알지니 사람마다 듣기는 속히 하고 말하기는 더디 하며 성내기도 더디 하라 사람이 성내는 것이 하나님의 의를 이루지 못함이라"(약 1:19~20). "노하기를 더디 하는 자는 용사보다 낫고 자기의 마음을 다스리는 자는 성을 빼앗는 자보다 나으니라"(잠 16:32).

오늘 나의 생활은 어떠한가? 나의 인간관계는 어떠한가? 혹 '돼지인생'을 살고 있지는 않은가? 성도는 마땅히 하나님의 자녀요, 천국 시민 된 존귀한 이름대로 오직 사랑으로 서로 종노릇하며 겸손과 온유로 섬

기는 삶을 살아야 한다. 오늘의 당신은 어느 쪽에 가까운가? '돼지인생'
인가, 아니면 '천국시민'인가?

제6장

지도자가 되기 전에
먼저 사람이 되라

먼저 사람이 되자.
그리고 사람이 되되 보다 성숙한 사람이 되어
자신에게 주어진 이름값과 자릿값을 제대로 하자.
그래야 하나님께서 보시기에 좋은,
밝고 살맛 나는 세상이 이루어지지 않겠는가.

말기 암환자가 된
지구촌과 한국 사회

이런 일이 되기를 시작하거든 일어나 머리를 들라 너희 속
량이 가까웠느니라 하시더라(눅 21:28)

　수년 전 교역자들 모임에서 강의를 맡은 강사의 말이 큰 충격으로 다
가왔다. 그는 말하길, 지구는 지금 말기 암환자와 같다는 것이다. 지구를
죽이고 있는 지구의 암세포가 바로 인간이라는 것이다. 모든 세포는 조
절능력을 가지고 있다. 그런데 유독 암세포만은 조절능력이 없다. 암은
제멋대로 번식하기 때문에 온몸에 퍼지면 결국 목숨을 잃게 된다. 그 조
절능력을 잃은 암세포가 바로 인간이요, 절제할 줄 모르는 인간이 지구
를 병들어 죽게 한다는 것이다.
　지금 한국은 '바다이야기'의 풍랑을 만나 침몰 위기에 놓여 있다. 역
시 절제할 줄 모르는 암세포와 같은 사람들 때문이다. 온 나라가 사행성
도박판이 될 것이 불을 보듯 뻔한데도 적정 판정을 해준 '영등위' 사람
들이나, 이를 묵인하고 허가를 내준 '문광부' 사람들이나, 단속에 미온

적인 '검경' 사람들이나, 이들 배후에서 보호막이 되어주고 검은 돈을 챙긴 '흡혈귀 같은 정치 비호 세력들'이나, 일확천금을 노리고 여기에 푹 빠져 가정파탄에까지 이른 사람들이나 한결같이 절제할 줄 모르는 암세포들이다.

뒤늦게 여당 책임자, 국무총리, 대통령까지 사과했지만, 이제는 작은 틈새로 독가스가 스며들듯 가정에까지 스며들어 음성적으로 번식 활동을 계속하고 있다는 보도이다. 어디 '바다이야기' 뿐인가? 정치, 경제, 사회, 문화, 교육, 법조 등 어느 곳 하나 성한 곳이 없이 부정과 불의의 바이러스에 감염되어 사회 전체가 마치 중환자실 같다.

어떻게 하면 말기 암환자가 된 지구촌을 회생시킬 수 있을까? 어떻게 하면 중환자실 같은 한국 사회를 건강하게 할 수 있을까? 처방과 치료는 하나밖에 없다. 오직 길이요, 진리요, 생명이신 예수로만 치료가 가능하다.

그런데 문제는 수술을 집도하고 투약을 해야 할 교회까지도 절제할 줄 모르는 암세포의 번식으로 그 기능을 발휘할 수 없다는 것이다. 그래서 교회가 중증의 사회를 치유하려면 '사돈 남 말하네'라는 비아냥을 들으며 거부당하고 있다. 어이할까나? 진정 지구촌이나 한국 사회에 전혀 소망이 없다는 말인가? 아니다. 성경은 말씀하고 있다. 하나님께서 이 마지막 때를 위하여 칠천 명의 숨겨둔 치료사가 있다고 했다(롬 11:1~5). 교회들이여, 이제 힘써 기도하라. 숨겨둔 칠천의 치료사들이 머리를 들고 일어나게 하여 달라고, 그리고 그대들 자신이 그 숨겨둔 칠천의 치료사 가운데 들게 하여 달라고! 깨어 기도하는 그대들이 바로 이 지구촌과 한국 사회의 소망임을 명심하라.

사무사(思無邪)

그런즉 너희가 먹든지 마시든지 무엇을 하든지 다 하나님
의 영광을 위하여 하라(고전 10:31)

　사무사란 생각하되 사심(邪心)이 없어야 한다는 교훈의 말이다. 사심
에는 사사로운 욕심을 채우려는 사심(私心)도 있다. 너나 할 것 없이 공
동체 생활을 할 때에 사심(私心)을 가져서는 안 되고, 더 더욱 사심(邪心)
을 가져서도 안 된다. 사심(私心)은 사사로운 욕심을 갖는다는 차원에서
는 나쁜 일이지만 나쁜 모습을 포장하지 않고 있는 그대로 나타내는 솔
직함에는 개선의 가능성이 엿보인다. 그러나 사심(邪心)은 선을 표방하
면서 악을 도모하고 공익을 앞세우면서 자신의 이익을 챙기는 것이기에
아주 혐오스러운 것이다. 바리새인과 서기관들이 주님께로부터 "독사의
자식들"이라는 저주를 받게 된 것은 바로 사심(邪心) 때문이다. 겉으로는
하나님을 공경한다고 하면서도 내용적으로는 자신들의 명리(名利)를 계
산하고 있었기 때문이다.
　오늘도 우리 주변에는 애국하는 정치인도 많고, 실업인도 많다. 그러

나 정상모리배(政商謀利輩)의 굴레에서 자유로운 사람이 과연 몇이나 될까? 건국 초기 자유당 시절, 야당인 민주당에서는 "못 살겠다. 갈아 보자"라는 구호로 민심을 얻으려 했다. 그때 자유당이 응수한 구호는 "갈아 봤자 별 수 없다."였다. 너희들도 정권을 잡으면 별 수 없다는 뜻이겠다. 실제로 몇 차례 정권이 바뀌었지만 속된 말로 '그 놈이 그 놈'이라는 자괴적인 탄식이 저절로 나왔다. 진정 이 시대에는 도산 안창호 선생이나 조만식 장로와 같은 사무사(思無邪)의 사람이 없는 것일까? 우리 기독교계에도 자타가 공인하는 세계적인 지도자들이 얼마나 많은가? 그러나 안타깝게도 사람을 모으는 기능인으로서는 존경스럽다 하겠으나 사심(邪心)에서 자유로운 순수한 영성의 지도자를 만나기는 쉽지가 않아 안타깝기만 하다.

필자의 지인 가운데 동남아에 나가서 선교활동을 하는 비교적 성공한 선교사가 있다. 그가 전해 주는 말을 듣고는 분노보다도 서글픈 마음과 함께 가슴이 저며 왔다. 그는 선교 초기에 어려움이 있어서 세계적으로 유명한 교회 지도자를 찾아가서 도움을 요청했다. 그런데 그 선교사의 마음을 매우 아프게 하고 실망스럽게 한 사건은 그 선교사가 선교 현지에 세운 학교가 매우 어렵게 운영 중이지만 장래성이 있기에 그 유명한(?) 지도자께서 그 학교 이름을 자기 교회 이름으로 해 주면 도와주겠다고 하더라는 것이다. 유구무언일 수밖에…….

순수해야 한다. 사심(私心)도, 사심(邪心)도 없어야 한다. 나랏일을 하는 사람들이나 교회를 섬기는 이들이나 무엇을 하든지 사무사의 자세로 임해야 한다. 진실로 그러해야 한다. 사무사! 이 시대의 화두요 믿음의 사람들의 기도 제목이다.

윗물이 맑아야 아랫물이 삽니다

오직 정의를 물 같이, 공의를 마르지 않는 강 같이 흐르게
할지어다(암 5:24)

규모의 크고 작음에 관계없이 한 공동체의 수장은 그 공동체를 대표
하는 존재이다. 그 대표를 보면 그 공동체의 수준과 성숙도를 가늠할 수
있다. 역으로 그 공동체 구성원의 행태를 보면 그 대표가 어떠한 인물인
지를 알 수 있다.

몇 해 전에 한국 기독교를 대표하는 연합기관의 수장을 선출하는 데
'돈'이 위력을 발휘하여 전주(錢主) 되는 어른이 대표로 선출되었고 이로
인해 그 자격에 대한 시비로 갑론을박하다 흐지부지되더니, 적당히 봉합
해 버리고 그대로 수장의 자리를 인준(?)함으로써 한국 기독교를 대표하
는 사람 중 하나로 활동하고 있다는 교계 언론의 보도를 읽으면서, 한국
기독교의 자화상을 보는 것 같아 당혹감과 함께 자괴감을 어찌할 수 없
었다. 돈으로 수장에 오르려는 사람이나 돈 때문에 수장으로 밀어주는

사람이나, 그 아비에 그 자식이고 그 자식에 그 아비 같아서였다.

　교회는 거룩한 성도들의 모임이다. 거룩 곧 구별된 사람, 다른 사람의 모임인 것이다. 때문에 성도는 하나님을 섬기지 않는 사람들과는 당연히 다르고 구별되어야 한다. 하나님을 섬기지 않는 사람들이 '돈'을 가치판단의 기준으로 삼아 행동하는 것과는 달라야 하는 것이다. 성도의 타락이 무엇인가? 교회의 세속화가 무엇인가? 바로 하나님을 섬기지 않는 사람과 하나님을 섬긴다고 하는 성도 사이에 '다름'이나 '구별됨'이 보이지 않는 것이 아닌가?

　작금의 교계 지도자들의 행태를 보면 눈물겹도록 '품바타령'이 절로 나온다. '품바'의 뜻에는 "에라, 방귀나 처먹고 가라."는 의미도 포함되어 있다고 한다. 윗물이 맑아야 아랫물도 맑은 법, 윗물이 흐린데 어떻게 아랫물이 맑을 수 있겠는가? 어르신네들도 아모스서 5장 24절의 말씀을 본문으로 사자후하며 설교했을 것이다. "오직 정의를 물같이 공의를 마르지 않는 강같이 흐르게 할지어다." 그러나 물은 위에서 아래로 흐른다.

　대체로 언론과 법조계를 정의의 마지막 보루라고 한다. 그러나 그보다 높은 곳에 위치한 것이 교회이고 교회의 수장 자리이다. 교회로부터, 교회의 수장으로부터 맑은 물이 아래로 흘러흘러 질경이나 잔디 같은 민초들의 마음을 촉촉하게 적실 때 이 사회는 건강해지고 밝고 신바람 나는 세상이 될 것이다. 등불도 등경 위에 높이 달아 놓아야 한다고 주님께서 말씀하셨다. 등불을 말(돈)이나 평상(향락) 아래 두면 빛을 비출 수가 없다고 하셨다. 교계의 어르신네들이 흘려 보내는 맑은 물로 인해 건강한 사회, 밝고 신바람 나는 세상이 이루어지는 그날이 단축될 것을 기대해 본다.

교회는 가족이다

그러므로 이제부터 너희는 외인도 아니요 나그네도 아니
요 오직 성도들과 동일한 시민이요 하나님의 권속이라
(엡 2:19)

성도들의 크고 작은 모임이나 예배 시에 빼놓지 않는 순서가 있다. 그것은 주의 기도로 드리는 순서와 사도신경으로 신앙을 고백하는 순서이다. 바람직하고 꼭 있어야 할 순서이다. 그런데 문제는 진정성이다. 진실한 마음을 담은 기도요 신앙고백인지가 의심스러운 것이다.

주기도문은 "하늘에 계신 우리 아버지…"로 시작하고, 사도신경은 "전능하사 천지를 만드신 하나님 아버지"라고 고백한다. 다 같이 입을 열어서 하나님을 '아버지'라고 부른다. 자녀만이 아버지라고 부를 수 있으므로 하나님을 아버지로 부르는 성도는 하나님의 자녀가 된다. 성도와 성도 사이는 형제 사이이고 우리 모두는 가족이다.

가족간에는 차이는 있어도 차별할 수 없는 것이 가족 관계이다. 설사 살인죄를 짓고 나를 무던히 힘들게 한다 해도 무 자르듯 관계를 끊을 수 없는 것이 가족 사이이다. 허물이 있어도 탓하기보다 감싸 주는 것이 가족 사이이다. 애경사에 사심 없이 울고 웃는 것이 가족 사이이다. 네 것, 내 것 계산하지 않고 나누고 베푸는 것이 가족 사이이다. 오매불망 마음에 담고 그리워하는 것이 가족 사이이다. 실수나 허물이 있어도 부끄러움을 주지 않는 것이 가족 사이이다. 서로의 사정을 헤아려 먼저 배려하는 것이 가족 사이이다. 미움이나 다툼이 없이 관용하고 화목하는 것이 가족 사이이다. 서로 칭찬하고 자랑해 주는 것이 가족 사이이다. 막힌 담이 없이 있는 모습 그대로를 보여주어도 허물이 되지 않는 것이 가족 사이이다.

그런데 오늘의 교회 실상은 어떠한가? 입으로는 하나님을 아버지라고 고백하면서도 실제로는 여전히 남남이요, 낯선 사이로 지낸다. 그래서 성도라는 이름으로 모여도 가정의 분위기를 찾을 수 없고 나그네들이 잠시 머물다 가는 여인숙, 모텔, 호텔 같이 되어 있다. 그리고 교회는 편의점, 마트, 백화점과 같아서 자기 욕구를 충족하기 위한 상품으로서 할 수만 있으면 싼값(?)으로 은혜와 축복을 구입해서 만족을 누린다. 성도와 성도는 서로에게 전혀 관심을 갖지 않는다. 고객과 고객이 서로에게 무관심한 것처럼 말이다.

왜 이러한 현상이 보편화되어 있는가? 이유는 기도와 신앙고백에 진정성이 없기 때문이다. 습관적으로, 기계적으로 주문을 외듯 하기 때문이다. 그러므로 무엇보다 시급히 해야 할 일은 신앙고백과 기도의 진정성을 회복하는 것이다. 그래야 건강한 교회, 행복한 가정을 이룰 수 있고, 교회가 건강하고 행복한 가정이 되어야 이 사회와 역사를 책임지고 나아갈 수 있다.

삭발, 유감이로소이다

맡은 자들에게 주장하는 자세를 하지 말고 양 무리의 본이
되라(벧전 5:3)

강성 노조원들이 결연한 의지의 표현으로 삭발하는 모습은 심심찮
게 보아왔다. 그러나 성직자인 교단장과 목사, 여신도들이 삭발하는 모
습은 뜻밖의 일이다.

사립학교법 재개정을 촉구하기 위해 교단장과 목사들의 삭발의식에
이어 이번에는 여전도회 전국연합회 회원들이 삭발을 하는 비장한 모습
의 화보가 2007년 3월 6일자 조선일보에 게재되었다. 다른 한편, 그 전
날인 2007년 3월 5일자 국민일보에는 "씻긴 이 발로 땅 끝까지 전도"라
는 제하에, 어느 대학의 재학생들이 신입생들의 발을 씻어주는 세족식
장면이 게재되었다. 세족식에 참여한 한 신입생은 처음에는 어색한 표
정을 짓다가 재학생의 손을 꼭 잡으면서 "기독교계 대학인지는 알고 왔
지만 이런 모습은 충격이다. 하나님에 대해 알고 싶다."라고 고백했다고

한다.

필자도 이 학교가 설립되는 초기에 그 학교를 방문한 적이 있다. 학교를 돌아보다가 학교 건물 위층에 기도실이 있는 것을 보고 깜짝 놀랐다. 기독교 학교에 기도실이 있는 것은 당연한 일이지만 그 입구에 부착된 시간표가 나를 충격에 빠뜨렸다. 시간표를 보면 교수들이 시간을 정해 놓고 릴레이로 학교와 학생들을 위해서 중보기도를 하고 있었다. 그 학교는 짧은 역사를 가진 지방 대학임에도 전국적으로 상위권 학생들이 지원하는 명문학교로 이미 자리매김을 하고 있었다.

사립학교법이 왜 불거졌는가? 사립학교, 특히 기독교 계통의 사립학교는 그 설립 취지와 목적이 복음으로 말미암은 기독교 세계관의 구체적 실현을 위한 인재 양성에 있으므로 성경대로 운영되어야 함은 마땅하다. 그러나 사학(私學)이 모두 다 그런 것은 아니지만 개중에는 성경과는 거리가 먼 재리(財利)에 치심(置心)한 학맥, 인맥, 지맥, 혈맥에 의해 비합리적으로 운영되는 일들이 너무 많았기에 문제가 발생한 것이 아니던가?

그렇다면 대다수의 국민들이 혐오하는 강성노조 이미지의 삭발보다는 학교의 학원장이나 운영자들이 먼저 금식기도하며 자성하는 모습을 보이는 것이 하나님 보시기에 좋은 모습이 아니었을까? 그리고 교단장이나 교계를 대표하는 목사들이나 여전도회 성도들도 평상시에 보다 깊은 관심을 갖지 못하고 중보기도하지 못한 점을 회개하면서 삼일이고 일주일이고 금식기도 하는 모습을 보이는 것이 보다 성경에 가까운 모습이 아니었을까?

두 신문에 실린 대조적인 모습을 보면서 나는 안타까운 마음이 들었다. 그러나 이런 내게 "너는 뭐냐?"라고 힐문한다면 "글세, 유구무언이요, 시무언(是無言)이로소이다."

스타를 꿈꾸는 상등병의 목사

경건의 모양은 있으나 경건의 능력은 부인하는 자니 이 같은 자들에게서 네가 돌아서라(딤후 3:5)

성경에 탐심은 우상숭배라고 했다(골 3:5). 인간의 탐욕을 크게 넷으로 나누면 권세욕, 명예욕, 물욕, 향락욕이라 할 수 있다. 권세욕은 비단 크고 작은 공동체의 수장이 되고자 하는 욕구만이 아니다. 일 대 일의 관계에서도 상대방 위에 군림하려는 심리를 말한다. 명예욕도 큰 업적을 남기면서 대중들의 시선을 모으고 박수갈채를 받으려는 욕구만이 아니다. 수가 많고 적음에 관계없이 타인에게 자기를 드러내고 싶은 심리를 말한다. 물욕도 마찬가지이다. 할 수만 있으면 더 많이 소유하고, 더 많이 축적하려는 심리를 말하고, 향락욕 역시 할 수만 있으면 더 많이 동물적 쾌락을 즐기려는 심리를 말한다.

그리스도인이라고 하면 마땅히 지켜야 할 첫 번째와 두 번째 십계명을 잘 알고 있다. 하나님 외에 다른 신을 섬겨서는 안 되고, 어떠한 형태

로든 우상을 만들거나 거기에 절해서는 안 된다는 것이다. 그리스도인이라면 마땅히 계명을 따라서 보이는 우상은 섬기지 않는다. 아니 섬길 수도 없다. 그러나 알게 모르게 보이지 않는 우상을 섬기는 일은 비일비재하다. 그 보이지 않는 우상이 바로 탐심이다. 그 중에 자기를 표현하려고 하는 '명예욕의 우상'을 섬기는 자들이 의외로 많다.

몇 년 전인가, 별세한 성도의 입관예배를 위해 모 종합병원을 가게 되었다. 영안실 쪽 현관을 막 들어서려는데 마침 현관문을 열고 나오는 어느 교단의 전직 교단장과 마주치게 되었다. 그 순간 나는 아연실색하고 말았다. 그 분도 별세한 성도의 장례예배를 집도하고 나오는 길인 모양인데, 장례식을 집도하는 목사님이 박사 가운을 입고 있는 것이 아닌가. 무슨 학술발표회장도 아니고 학위수여를 하는 졸업식장도 아닌데 장례식장에서 박사 가운을 입다니, 아무리 이해하려 해도 나로선 이해할 수 없는 일이었다. 그런데 며칠 전 어느 장례식에 문상객으로 들렀다가 똑같은 형색의 집례자를 보게 되었다. 역시 분노 아닌 서글픔으로 인해 심란해진 마음을 추스르느라고 기운 좀 소비해야 했다.

왜 그랬을까? 고인이 인생대학을 졸업하는 자리이기 때문에 보이지 않는 인생수업 졸업학위를 수여하느라고 그랬을까? 그런데 이 같은 현상은 장례식장에서만 드물게 목도되는 것이 아니다. 제법 많은 분들이 성직자 가운이 아닌 박사 가운을 입고 예배를 집례하고 있고, 그것을 매우 자랑스럽게 여긴다. 아마도 자신의 지적 권위를 보이기 위해서일 것이다. 작대기 세 개인 상등병 계급장이 장례식장까지 달고 갈 만큼 그토록 매력적이고 자랑스러운 모양이다. 왜 아니 그러겠는가? 성도들도 그러한 지도자를 모시는 것을 자랑스럽게 여기고 있으니 말이다.

그러나 상등병 계급장을 달지 않으면 지성을 갖춘 성직자로서의 권위를 인정받지 못할 것이라는 강박관념 때문이라면 성도들을 치유하기 전에 자신을 박학다식한 자로 보이려고 하는 '우상숭배의 심리' 부터 먼저 치유하시라. 스타將軍는 아무나 되는 것이 아니다. 상등병의 의식 수준으로 감히 장군을 꿈꾸다니……. 분대장도 못할 상등병 수준의 사람들이 지도자연 하고 있으니 한국교회의 마이너스 성장은 인정하고 싶지 않지만 어쩌면 당연한 귀결이 아니겠는가.

한국교회가 건강하게 성장하고 그래서 한국사회를 건강하고 행복한 사회로 변화시키려면 지도자들의 상등병 의식 수준부터 먼저 변화시켜야 한다. 가짜 상등병 계급장까지 달고 장군연하는 후안무치의 사람들도 상당하다고 하니 어이할까나, 참으로 염려스럽기만 하다.

교회의 사명이 어두운 세상을 밝은 세상으로 변화시키고 살맛 없는 세상을 살맛 나는 세상으로 변화시켜야 하는 빛과 소금으로 존재해야 함을 인식하고 있다면, 영적 지도자들이 상등병 수준의 의식에서 속히 벗어나야 하리라.

먼저 사람이 되되
성숙한 사람이 되라

그의 영광의 풍성함을 따라 그의 성령으로 말미암아 너희
속사람을 능력으로 강건하게 하시오며(엡 3:16)

　　지난 2007년 5월 5일 자 신문에 결코 웃어넘길 수 없는 한심하기 짝
이 없는 사건이 보도되었다. 워싱턴디씨에서 세탁소를 운영하는 정진남
씨를 상대로 워싱턴 행정법원 판사인 로이 피어슨 씨가 손해배상 청구
소송을 한 것이다. 청구한 배상금이 자그마치 한화로 600억 원이나 되었
다. 그 손해배상 청구 내용이 더욱 기가 막혔다. 피어슨 판사가 수선해
달라고 맡긴 바지를 정진남 씨가 분실하자, "고객만족"이라는 약속을
지키지 않았다는 이유로 그에 따른 정신적, 물질적 피해에 대한 보상금
600억 원을 청구한 것이다. 이 사건이 보도되자 사방에서 비난의 화살이
쏟아졌다. 판사로 재임용하지 말라, 변호사협회에서 제명하라, 판사로
서의 자질이 없다 등등……. 그렇다. 로이슨 판사야 말로 판사이기 전에
먼저 사람이 되어야 했다.

이런 일이 어디 로이슨 판사뿐이겠는가. 최근에 연일 보도되고 있는 어느 재벌그룹의 회장은 자기 아들이 유흥업소 종업원에게 폭행을 당했다는 보고를 받고 조직폭력배까지 동원하여 보복폭행을 가했다. 피어슨 판사나 그룹 회장이나 공인으로서 이름값, 자릿값을 못하는 함량미달의 존재들인 것이다.

그런데 거룩하게 구별된 사람들의 모임인 교계에서도 지도자연하면서 이름값, 자릿값을 못하는 함량미달의 사람들이 많다. 그들로 말미암아 눈살을 찌푸리게 하는 일들이 심심찮게 일어나고 있으니 우려가 되지 않을 수 없다. 무슨 일을 하기 전에 먼저 사람이 되라는 말의 의미는 무엇일까? 대체로 인격, 자질, 인품, 품위, 됨됨이 등이 떠오를 것이다. 그러나 넓은 의미에서는 이러한 낱말들이 다 내포되어 있지만 성경이 가르치는 본질적인 의미는 다른 데 있다.

먼저 사람이 되라는 것은 '아담'이 되라는 뜻이다. 범죄하기 이전의 하나님의 형상을 지닌 원초적 아담, 원초적 사람으로 돌아가라는 뜻이다. '아담'은 바로 '사람'이라는 의미이기 때문이다. 그런데 아담은 사탄의 미혹을 받아 범죄함으로 하나님의 형상을 잃어버렸다. 사람이 짐승이 된 것이다. 사람과 짐승의 차이가 무엇인가? 짐승에게는 하나님을 경외하는 영성이 없다. 선악을 구별하는 양심이 없다. 시비를 분별하는 지성이 없다. 보다 아름다운 양질의 삶을 추구하는 창조적 감성이 없다. 관용하고 배려하는 사랑이 없다. 받은 은혜에 대한 보답이나 감사가 없다. 염치가 없다. 짐승에게는 오직 적자생존, 약육강식의 본능적 생존원리에 따른 무자비한 투쟁만이 있을 뿐이다.

디모데후서 3장 1~5절에 보면 종말시대에 짐승과 같은 인간세계의 실상이 상세히 기록되어 있다. 그 중에 몇 가지만 들면, 종말시대에 하나님을 외면한 짐승 같은 인간세계는 극단의 이기주의에 빠지고, 황금만능주의와 향락주의에 빠지며, 부모를 거역하는 패륜풍조가 만연하고, 무정함과 사나움과 원통함을 풀지 못하는 증오심이 팽배하며, 절제하지 못하는 조급한 사회가 된다고 했다.

지금이 바로 그러한 세상이다. 이 같은 짐승의 세계에서 어떻게 행복한 삶을 기대할 수 있겠는가? 그러므로 먼저 사람이 되어야 한다. 짐승의 신분으로는 이름값이나 자릿값을 결단코 해낼 수 없다. 먼저 사람이 되어야 이름값과 자릿값을 하게 되고, 그래야 어두운 세상이 밝은 세상으로 변화되고, 살맛 없는 세상이 살맛 나는 세상으로 변하는 것이다.

그러면 어떻게 짐승이 변하여 사람이 될 수 있는가? 길은 하나밖에 없다. 하나님의 형상이신(고후 4:4) 예수님을 구주로 믿고 영접하는 것이다. 그러므로 먼저 사람이 되자. 그리고 사람이 되되 보다 성숙한 사람이 되어 자신에게 주어진 이름값과 자릿값을 제대로 하자. 그래야 하나님께서 보시기에 좋은, 밝고 살맛 나는 세상이 이루어지지 않겠는가.

부끄럽지 않은 이력서

일의 결국을 다 들었으니 하나님을 경외하고 그의 명령들
을 지킬지어다 이것이 모든 사람의 본분이니라 하나님은
모든 행위와 모든 은밀한 일을 선악 간에 심판하시리라

(전 12:13~14)

성도는 본질적으로 옛사람이 변하여 새사람이 된 자이다. 예수 그리
스도 안에서 근본적으로 신분이 변화된 사람이므로 중생하지 못한 자연
인과는 의식도 다르고 생활도 다르고 비전도 다르다. 성도란 다른 무리
와 당연히 구별되어야 하고 마땅히 달라야 한다.

그런데 근자에 거짓 학력문제가 전방위로 사회를 소란스럽게 하더니
급기야 기독교계에도 불똥이 튀어 학력의 진위 시비가 회자되고 있다.
기가 막힐 일이다. 성직자에 대한 신뢰도가 무너지는 쓰나미 현상이 일
어나지 않을까 우려된다. 어떻게 이런 일이 하나님을 경외한다는 성도
에게서 일어날 수 있는가? 그것도 영적 지도자라는 성직자에게 가당키
나 한 일인가? 그럴 수 없다. 진정 예수님을 인격적으로 만나고 체험적
으로 아는 자라면 결코 있을 수 없는 일이다.

생각해 보라. 신앙의 유무를 떠나서 가짜 학위나 부실한 학위를 가지고 교수입네 하면서 후학들 앞에 서는 자가 있다면 그는 학문하는 선비로서의 기본 양심이나 자존심도 없는 얼빠진 사람일 터이고, 또 가짜 학위나 부실한 학위를 가지고 성직자 가운도 아닌 박사 가운을 걸치고 거룩한 강단에서 진리를 외치는 목사가 있다면 그 역시 성직자로서의 기본 양심이나 자존심도 없는 넋 나간 사람일 터이다. 이야말로 사탄의 조종을 받는 사탄의 피에로가 아니겠는가!

사실 중생하지 못한 사람들은 하나님을 모르는 자들이기 때문에 세속적인 가치관에 따라 부귀공명을 추구하고 수단 방법을 가리지 않고 그것을 쟁취하려는 것은 어쩌면 자연스러운 현상일 것이다. 그러나 하나님의 은혜로 신분이 변하고 가치관이 변해서 지향하는 목표가 다른 그리스도인으로서 세속적 가치 기준에 따라 성공과 실패를 가늠하려 한다면 이는 정상이 아니라 비정상이요, 그가 진실로 중생한 사람인가를 의심하지 않을 수 없는 일이다.

예수님을 인격적으로 만나고 체험적으로 깊이 알았던 영적 거인들의 면면을 보라. 그들은 하나같이 세속적인 부귀공명을 배설물로 여겼다. 분진처럼, 초개처럼 여기고 돌아보지도 않았다. 왜? 예수님을 아는 지식이 가장 고상함을 알았기 때문이다. 예수님만이 삶의 절대가치임을 알았기 때문이다. 모세가 그러했고, 다니엘이 그러했고, 바울이 그러했다. 그들의 구별된 삶을 통해서 하나님은 이방인의 세계에서도 높이 영광을 받으셨다.

탐심은 우상숭배라고 성경은 말하고 있다(골 3:5). 또한 성도는 육체와 함께 정과 욕심을 십자가에 못 박은 사람이다(갈 5:24). 주님께서는 지금도 말씀하고 계신다. "삼가 모든 탐심을 물리치라 사람의 생명이 그 소유의 넉넉한 데 있지 아니하니라"(눅 12:15).

이제라도 미망에서 깨어나 근신해야 한다. 힘써 탐심을 다스려야 한다. 남을 정복하고 소유하고 지배하려는 권세욕, 자기를 돋보이게 하기 위해 과대포장해서 선전하려는 명예욕, 더 많이 소유하고 더 많이 쌓아놓고 더 많이 누리려는 재물욕, 동물적인 쾌락을 탐닉하려는 향락욕을 다스려야 한다.

그리고 사람 앞에 내놓는 이력서에 관심 갖기보다 하나님 앞에 내놓을 이력서에 관심을 가져야 한다. 명심하라, 사람 앞에 내놓는 이력서는 화려해도 하나님 앞에 내놓을 이력서는 초라한 사람이 있고, 사람 앞에 내놓는 이력서는 초라해도 하나님 앞에 내놓을 이력서는 화려한 사람이 있다. 물론 사람 앞에서나 하나님 앞에서나 공히 화려한 이력서를 준비하고 있다면 금상첨화임을 더 말해 무엇하랴.

이 글을 읽고 있는 당신의 이력서는 어떠한가? 부디 포장하거나 개칠하지 아니한, 하나님 앞에서나 사람 앞에서나 자신의 신앙 양심 앞에서 부끄럽지 않은 이력서이기를 바란다.

성도는 목사의 거울임을 아는가?

너희 중에 있는 하나님의 양 무리를 치되 억지로 하지 말고 하나님의 뜻을 따라 자원함으로 하며 더러운 이득을 위하여 하지 말고 기꺼이 하며 맡은 자들에게 주장하는 자세를 하지 말고 양 무리의 본이 되라 그리하면 목자장이 나타나실 때에 시들지 아니하는 영광의 관을 얻으리라(벧전 5:2~4)

    자식은 부모의 거울이라고 한다. 자식을 보면 부모가 어떠한 사람인가를 알 수 있다는 말이다. 자식은 부모의 삶을 보면서 배운다. 그래서 효자 가문에서 효자 나고, 충신 가문에서 충신 난다. 어려서부터 가문의 가풍인 효(孝)와 충(忠)을 보면서 자라기 때문이다. 자식은 부모의 거울이라는 말을 교회에 적용하면 '성도는 목사의 거울'이라고 할 수 있다. 자식들이 부모의 말로 하는 가르침보다는 부모의 삶을 보면서 배우듯이 성도들도 목사의 설교와 가르침보다는 목사의 삶을 보면서 배운다. 그래서 목사가 섬기는 교회의 성도를 보면 그 교회의 목사가 어떠한 사람인가를 알 수 있다.

    그리스도인을 가리켜 세상의 빛이요, 소금이라고 했다. 불의로 어두워진 세상을 십자가의 사랑으로 모두를 섬김으로써 좋은 세상으로 변화시켜 나가는 것이 그리스도인의 사명이다. 그러나 오늘의 실상은 그렇지가 못하다. 그리스도인들이 빛과 소금으로서의 기능을 다하고 있지 못하기 때문에 교회 밖의 사람들로부터 빈축을 사고 있을 뿐 아니라 사회는 더욱 어두워지고 죽을 맛으로 살아가는 사람들의 원망과 탄식 소리가 충천하고 있다.

왜 그럴까? 바로 거울 속에 비친 목사들이 빛과 소금으로서 존재하지 못하고 있기 때문이다. 성도들에게 명리를 멀리하라고 가르치면서 자신들은 명리를 얻기 위해 비굴하고 비열한 처신도 불사한다. 겸손하라고 가르치면서 오만방자한 모습을 보이고, 섬기라고 하면서 대접받기를 좋아한다. 정직하고 진실하라고 가르치면서 거짓을 옷 입듯 하고, 모두를 포용하라고 하면서도 자기 뜻을 따르지 않으면 독설을 퍼부으며 기피한다. 청빈하고 순결하라고 가르치면서 세속의 부자보다 더한 풍요를 즐기면서 하나님의 축복이라고 자랑한다. 성도들은 이러한 목사들의 이율배반적인 모습을 매일 접하면서 목사에게서 배운 대로 이중적인 의식구조를 가지고 살아간다. 어떻게 하나님이 보시기에 좋은 사회개혁이 일어날 수 있겠는가? 어떻게 하나님이 보시기에 좋은 건강하고 행복한 사회로 변화될 수 있겠는가?

그동안 한국교회는 1,200만 성도를 자랑해 왔다. 그러나 정부의 공식 기구를 통해서 조사한 바에 따르면 기독교 인구가 850만 명밖에 되지 않는다고 한다. 숫자가 줄어든 이유는 성도들 일부는 불신의 사회로 돌아갔고, 일부는 가톨릭으로, 또 일부는 불교로 개종했기 때문이란다. 왜 이런 비극적인 결과가 초래되었는가? 그것은 일반인들이 성직자에 대해 승려, 신부, 목사 순으로 신뢰한다는 여론조사 결과가 증명하듯이 목사의 세속화에 그 원인이 있다.

이래도 기능적인 성장만을 내세워 목회에 성공하고 역사에 길이 남을 인물임을 자랑할 것인가? 이제는 성장의 주인공이라는 착각 속에 오만한 모습을 보이지 말고 날로 어두워져 가는 세상을 바라보면서 심각하게 고민하고, 하나님 앞에 엎드려 간절한 기도를 드려야 할 때다. 누구보다도 먼저 자기 갱신을 위해 몸부림을 쳐야 한다.

교회는 목사만큼 자란다. 그러나 기능적인 관점의 평가로는 어느 정도 수긍한다 해도 보다 본질적이고 근원적인 영성의 관점으로는 수긍할수가 없다. 그동안 기능적으로는 능력을 발휘해서 양적인 성장을 이루었으나, 본질적이고 근원적인 영성의 관점에서는 양적 성장에 질적 성숙이 따르지 못했다. 그 책임이 교회의 지도자, 교계의 지도자인 목사에게 있음은 변명의 여지가 없다. 그러므로 존귀하신 주님의 종 된 목사님들이여, 이제 일어나 머리를 드시라. 언제까지 머리 숙여 땅 냄새에만 취해 있을 것인가? 영광의 왕께서 행차하시는 소리가 점점 가까이 들려오지 않는가? 성도들로 하여금 머리를 들어 위엣 것을 찾는 목사님의 모습을 보고 그대로 따르게 하라.

하나님의 입맛에 맞게 처신하라

이제 내가 사람들에게 좋게 하랴 하나님께 좋게 하랴 사람
들에게 기쁨을 구하랴 내가 지금까지 사람들의 기쁨을 구
하였다면 그리스도의 종이 아니니라(갈 1:10)

    교계신문 광고란에 보면 가끔 '담임목사 청빙'이란 광고가 실린다.
그런데 광고 내용을 보면 실소를 금할 수 없을 만치 자괴지심과 함께 교
회의 앞날이 심히 우려스러움을 금할 수가 없다. 청빙 대상자의 자격요
건을 보면 정규 신학대학과 대학원을 이수해야 하고 박사학위를 소지한
자는 우대하며, 나이는 40대 초반에서 50대 미만이어야 한다는 것이다.
그리고 제출된 서류는 일체 반환하지 않으며 서류 심사 후 면접은 개별
통지한다는 것이다. 이렇게 해서 3~4명으로 후보자가 압축되면 설교를
시키고 그런 연후에 최종적으로 합격통지를 보내고 청빙한다는 것이다.
이 모든 일을 그 교회 장로들로 구성된 청빙위원회에서 진행한다는 것
이다.

    면접관인 당당한 장로님들 앞에서 면접받는 목사님의 긴장되고 초라

한 모습을 상상해 보라. 그러한 장면이 하나님께서 보시기에 좋은 장면이 되겠는가? 이력서를 제출하는 목사는 누구이고 그것을 심사하는 장로는 또 무엇이란 말인가? 참으로 답답하고, 안타깝고, 서글픈 마음을 금할 수가 없다. 근자에 어느 교회는 담임목사의 갑작스러운 유고로 청빙위원회를 구성하고 청빙광고를 냈더니 무려 70여 명이나 되는 후보 목사들이 서류를 제출했다고 한다. 어찌 실소치 않을 수 있으며, 어찌 자괴지심을 갖지 않을 수 있고, 어찌 교회의 앞날이 걱정되지 않을 수 있겠는가?

성경 사사기에 보면(17, 18장) 미가라고 하는 사람이 떠돌이 레위인을 제사장으로 고용해서 상당한 사례비를 주고 종교행위를 하게 한다. 그 후 미가의 집을 침입한 단 지파 사람들이 더 좋은 조건을 제시하며 자기 지파에 와서 제사장의 일을 하라고 꼬이자 그 레위 청년은 매우 기뻐하면서 단 지파 사람들을 따라 나선다. 사사 시대는 이스라엘 민족사에 영적인 암흑기이다. 영적으로 건강하지 못하니까 나라가 혼란하고 백성들은 곤고한 삶을 살아갈 수밖에 없었다. 실제로 하나님께서 세우신 제사장이 아니라 인위적으로 고용된 제사장은 자신을 고용한 주인의 입맛대로 사나운 운수를 막아 주고 복만을 빌어 주는 무당의 역할을 하고 있었다.

그런데 통탄할 일은 오늘의 교회가 바로 이런 모습으로 흘러가고 있다는 것이다. 생각해 보라. 목사가 교회의 대주주들에 의해 고용된 고용 사장이 된다면 자연히 쓴소리 한 번 못하고 주주들의 입맛에 좋도록 복과 평안만을 빌어 줄 터이니 교회의 앞날이 어떠하고 역사의 미래가 어떠할지는 불을 보듯 명확하지 않은가. 그러나 어찌하랴. 목사들이 자초

한 일인 것을, 누구를 탓하랴!

예수님의 제자 된 목사는 모름지기 예수님의 사역을 전수받아 그대로 사역하고 또 다음 주자에게 전수해 주어야 하거늘, 말은 예수님의 제자요 제자도를 따르노라고 하면서도 실제로는 고용 사장으로 하나님의 종이 아닌 사람의 종노릇을 하고 있으니, 어떻게 이 땅에 하나님의 뜻을 이루어갈 수 있겠는가. 사람의 입맛만을 맞추니 어떻게 사회가 밝아지고 역사가 바르게 흘러갈 수 있겠는가.

일찍이 웨슬리는 예수님의 말씀을 받들어 복음 사역자들이 준비할 것 세 가지를 말했다. 첫째는 죽을 준비요, 둘째는 복음 전할 준비요, 그리고 셋째는 떠나갈 준비라고 했다. 한마디로 사람 눈치 보지 말고 하나님 편에서 목숨 걸고 담대하게 복음 사역을 감당하라는 뜻이다.

오호애재라. 누가 있어 이 시대에 엘리야와 세례 요한의 심정을 가지고 다시 오시는 예수님의 길을 예비할 것인가? 목사들이여, 사람의 입맛에 맞추지 말고 하나님의 입맛에 맞게 처신해야 자신도 살고, 교회도 건강해지고, 세상도 살리게 됨을 명심하자.

똥 싸고 매화타령 하는 사람들

그러나 너는 모든 일에 신중하여 고난을 받으며 전도자의
일을 하며 네 직무를 다하라(딤후 4:5)

"똥 싸고 매화타령 한다."는 속담이 있다. 제 허물을 부끄러워할 줄
모르고 비위 좋게 날뛴다는 뜻이다. 엠비씨(MBC) 텔레비전 프로그램 중
에 '뉴스후'라는 것이 있다고 한다. 거기에 방영된 내용이 기독교에 대
해서 지나치게 부정적이고 적대적이라고 해서 연일 성토하는 광고문을
내고, 이는 교회를 파괴하고 전도의 문을 막는 사탄의 술책이므로 거교
단적으로 강력하게 대처해야 한다고 목소리를 높이는 모습을 보면서,
그 프로그램을 시청하지 못한 나로서는 여간 궁금한 게 아니었다. 그래
서 수소문하여 녹화된 시디를 통해 뒤늦게 방영된 장면들을 보았다. 그
런데 별로 새로울 것도 없는 내용이었다. 누구나 익히 알고 있는 대형
교회 목회자들의 교회 세습 문제, 세금 납부 문제, 호화로운 생활 문제
등등이었다.

그런데 아연실색할 수밖에 없는 몇 장면을 보고는 참으로 우려스러웠다. 교회를 비판하는 쪽을 가리켜 교회를 무너뜨리려는 공산주의 사상을 가진 자들의 못된 짓거리라고 하는가 하면, 국내 수입차 가운데서도 몇 대 되지 않는 3억 원대의 최고급 승용차를 타면서도 수입차 대리점을 하는 그 교회 장로님이 선물한 것인데 그게 무슨 문제가 되느냐며 알지도 못하면서 왜 들쑤시고 다니느냐고 취재기자에게 호통을 치는 모습을 보았다. 또 90평이 넘는 대형 주택에 거주하는 분은 당당하게 말하기를 부자로 사는 것은 축복이요, 가난하게 사는 것은 저주라고 하면서, 하나님의 축복을 받은 자로서 여유 있게 사는 것은 당연하지 않느냐는 태도였다. 합리화시키려는 몸짓하고는 어색하기 이를 데 없었다.

　　예수님은 제자들과 함께 굶주린 허기를 면하기 위해서 안식일에 곡식의 이삭을 잘라 먹다가 바리새인들의 공격을 받기도 했다. 바울도 헐벗고 굶주리는 삶을 살았다. 프란체스코도 탁발로 생활했다. 그렇다면 예수님이나 바울이나 프란체스코는 저주받은 삶을 사신 분들이란 말인가? 아니지 않은가! 예수님은 하나님으로서 창조주요, 만유의 소유권자시요, 만유를 경영하는 섭리자이시다. 바울도 로마 시민권을 소지하고 있는 분으로서 얼마든지 상류층의 부를 누릴 수 있는 분이었다. 프란체스코도 갑부의 상속권자로서 얼마든지 호화로운 생활을 할 수 있는 분이었다. 그러나 예수님이나 바울이나 프란체스코는 하나님의 뜻을 이루기 위해서 스스로 누릴 수 있는 권리를 포기하고 가장 비천한 자가 되어 섬기는 삶을 사시지 않았는가.

　　축복받아 부자가 되는 것, 맞다. 교회의 사랑의 대접을 받아 부요를 누리는 것도 축복, 맞다. 그러나 복을 빌고 복을 받아 복을 누리는 것만이 축복이라고 한다면 그 신앙은 무속신앙의 수준에 머물러 있는 것이다. 성경이 가르치는 건강하고 성숙한 그리스도인의 신앙은 풍성한 복을 받되 하나님의 뜻을 이루기 위해서 자신이 누릴 수 있는 모든 권리를 포기하고 스스로 비천한 삶, 가난한 자의 삶을 사는 것이다.

그런데 최고의 지성과 최고의 영성을 지녔다고 자타가 공인하는 분들의 말과 태도가 무속인, 시장잡배의 그것과 별로 다르지 않음을 볼 때 아연실색하지 않을 수 없고 우려스러운 생각을 아니 가질 수 없었던 것이다. 더 딱한 것은 이러한 분들이 성공한 리더의 모델이 되어서 이를 흠모하고 그 방법을 배우려는 이들이 많다는 것이다. 이런 얼빠진 이들이 많기에 똥 싸고 매화타령을 하는지도 모르겠다.

교회를 흠집 내고 전도의 문을 가로막는 이들은 하나님께서 처리하실 것이다. 그러나 교회를 흠집 내려고 몰려오도록 동기를 부여한 이들도 겸손하게 회개하며 자숙하는 모습을 보이지 않으면 하나님의 엄중한 문책에서 자유로울 수 없을 것이다. 이제 너나 할 것 없이 우리 모두 자신이 속한 공동체와 삶의 현장에서 똥 싸고 매화타령을 하고 있지는 않은지 살펴보고, 바울을 통한 주님의 음성에 귀를 기울여야 할 것이다. 그래야 실추된 교회의 위상을 높이고 전도의 문이 다시 활짝 열리게 될 것이다.

'부담을 주는 설교'를 두려워 마라

또 내게 이르시되 인자야 내가 네게 이를 모든 말을 너는
마음으로 받으며 귀로 듣고 사로잡힌 네 민족에게로 가서
그들이 듣든지 아니 듣든지 그들에게 고하여 이르기를 주
여호와의 말씀이 이러하시다 하라(겔 3:10~11)

요즈음, 교회 안팎으로 인기절정의 유명세를 타고 있는 어느 스타 목사님께서 텔레비전에 출연해서 명설교에 대한 정의를 묻는 사회자의 질문에 이렇게 대답하였다. "명설교란, 첫째 내용이 있어야 한다. 둘째, 내용이 없으면 재미라도 있어야 한다. 셋째, 내용도 재미도 없으면 짧게 해야 한다." 그 분의 명설교에 대한 정의에 왈가왈부할 생각은 없다. 다만 설교하는 분들에게 말하고 싶은 것은 '부담을 주는 설교'를 부담스럽게 생각하지 말고 담대하게 전하라는 것이다.

성도는 복음 선포로 구원을 받고 진리의 말씀으로 양육되어 그 신앙이 성장한다. 양육은 근본적으로 교육과 훈련을 내포하고 있다. 그리고 교육과 훈련에는 필수적으로 통제가 따른다. 통제는 통제하는 쪽이나 통제받는 쪽이나 힘들고 부담스러운 일이다. 그러나 통제 없이는 바른

교육과 훈련이 이루어질 수 없고, 바른 교육과 훈련이 결여된 양육의 결과는 현실에 적응하지 못하는 미숙아의 참담한 모습으로 나타나게 된다.

오늘의 한국교회의 자화상은 어떠한가? 지나치게 부정적이고 비관적이라며 강한 저항감을 갖는 분들도 있겠지만 그래도 어쩌랴, 오늘의 한국교회의 자화상을 말하라면 '병든 미숙아'라고 말할 수밖에 없음을, 필자도 가슴 아프게 생각한다. 그러나 무대에 올려진 한국교회를 보라. 작가(창조자)이시고, 연출자(섭리자)이신 하나님의 의도대로 제대로 된 연기를 하고 있다고 생각하는가? 허울은 번드르르하지만 연기자로서의 미숙함을 그대로 드러내고 있다. 작가와 연출자이신 하나님의 의도를 이해도 못할 뿐더러 대사도 제멋대로이고, 몸짓도 제멋대로이다. 그래서 오늘의 한국교회가 관객인 사회로부터 야유와 비난을 받고 있는 것이다.

왜일까? 왜 한국교회가 사회에 대해서 변화는 고사하고 감동과 감화도 주지 못하는 미숙한 모습을 보이고 있는 것인가? 이유는 간단하다. 설교자들의 설교가 회중들이 원한다고 해서 그들의 필요에 따라 '솜사탕 설교', '초콜릿 설교', '조미료 설교', '인스턴트 설교'를 하기 때문이다. 회중들은 누룩 없는 빵은 맛이 없어서 먹지 않으려 하고, 달콤하고 씹는 수고 없이 입안에서 녹는 것만을 원하기 때문에 그 필요(need)에 맞춰 '맞춤 설교'를 하기 때문이다. 그러므로 설교자들은 교회성장을 말할 적마다 강조하는 그 '니드'(need)가 오늘의 한국교회를 병들게 했고 미숙아가 되게 했음을 이제라도 간파하고 사람의 필요에 맞춰 설교할 것이 아니라 하나님의 필요에 맞춰 설교해야 한다.

표적을 구하는 회중들에게 예수께서는 '요나의 표적' 밖에는 보일 표적이 없다고 하셨다(마 12:38~39). 사도 바울도 표적과 지혜를 구하는 회중들에게 '십자가의 예수'만을 전하겠노라고 했다(고전 1:22~24). 복음으로 구원받은 성도라면 당연히 그리고 자연스럽게 '십자가의 도'를 따라 살아가야 한다. 십자가는 하나님의 공의와 사랑이 성취된 자리이다. 그러므로 십자가의 도를 따르는 삶은 하나님의 공의와 사랑을 성취하는 삶이다.

중요한 것은 하나님의 공의와 사랑의 성취를 위해서 예수님이 십자가에 죽으셨던 것처럼 성도들도 자신의 삶의 현장에서 하나님의 공의와 사랑을 성취하기 위해서 죽어야 한다는 것이다. 자기부정과 자기부인의 삶을 살아가야 한다. 생각해 보라. 편안하게 잘 살아야 하겠는데 고난 받고 죽으라고 하니 회중들이 좋아하겠는가? 그래서 십자가의 도를 전하는 이나 전해 듣는 이나 부담스럽게 생각하는 것이다. 그러나 부담을 받아들이고 소화할 때 교회가 살고 사회와 역사가 살게 된다는 것을 명심하고, 설교자들은 '부담을 주는 설교'를 부담이 되더라도 담대하게 전해야 한다. '부담을 주는 설교'라야 교회가 성숙하고 사회와 역사를 변화시키게 된다.

부자 되어 잘 살자

여호와는 나의 목자시니 내게 부족함이 없으리로다
(시 23:1)

동서고금을 막론하고 부자 되어 잘 살고 싶은 욕망은 누구나 가지고 있는 공통된 욕망이다. 가난하게 못 사는 것을 원하는 사람은 한 사람도 없을 것이다. 그런데 부자 되어 잘 산다는 개념과 인식의 차이가 삶의 질을 하늘과 땅 만큼의 차이로 갈라놓는다. 부자 되어 잘 살겠다는 욕망이 짐승만도 못한 지저분하고 추한 삶을 살아가게 하는가 하면, 부자 되어 잘 살리라는 욕구가 가히 성인(聖人) 수준의 고결한 삶을 살아가게 한다. 그리스도인이라면 당연히 성인(聖人) 수준의 고결한 삶을 살아가야 하나님께는 영광을 돌리고 교회에는 덕이 되고 이웃에게는 유익을 주고 더 많은 영혼을 구원의 길로 인도하는 플러스(+)인생이 될 것이다.

일반적으로 부자 되어 잘 산다는 개념을 할 수만 있으면 더 많이 소유해서 더 많이 즐기는 것으로 인식한다. 때문에 세상은 온통 약육강식

적자생존의 전장화(戰場化) 되어서 어느 곳을 가든 무한경쟁의 치열한 이전투구(泥田鬪狗) 현상으로 섬뜩한 살기(殺氣)를 느끼게 한다. 그러므로 그리스도인들은 부자 되어 잘 산다는 개념에 대한 바른 인식을 가지고 자신이 소속된 공동체에서 부자 되어 잘 사는 사람의 모델이 되어야 한다.

먼저 믿음의 부자가 되어야 한다. 믿음의 부자란 다윗 같이 선한 목자이신 하나님 한 분만으로 만족하는 믿음의 사람을 말한다. 하나님은 창조자이시고 만유의 주권자이시고 소유권자이시다. 사랑의 섭리자이시다. 그분 안에 모든 것이 다 있다. 그리고 하나님의 사랑은 예나 지금이나 영원토록 변함이 없으시다. 그래서 다윗은 그분을 모시고 살면 부족함이 없다고 고백했다. 하나님 한 분만으로 믿음의 부자는 범사에 감사하고 매사에 긍정적이다. 언제나 그 삶이 밝고 활기차다. 그래서 자신도 행복할 뿐 아니라 이웃에게도 행복한 삶을 전염시킴으로써 세상을 밝고 활기찬 행복한 세상으로 변화시킨다.

다음으로 마음의 부자가 되어야 한다. 마음의 부자는 넓고 깊고 큰 바다 같은 열린 마음을 말한다. 바다 같은 열린 마음은 바로 예수님의 마음이다. 바다가 어족이나 인종이나 신분을 차별하지 않고 모두를 받아들이는 것처럼 예수님의 마음은 인종, 피부, 남녀노유, 빈부귀천의 차별 없이 모두를 받아 주셨다. 예수님의 열린 마음이다. 오늘날 사회공동체이든 신앙공동체이든 분열과 분쟁의 불씨는 언제나 차이를 인정하지 않고 차별하는 닫힌 마음에서 비롯됨을 쉽게 알 수 있다. 그리스도인은 예수의 마음을 가진 사람들이다. 그러므로 자신이 소속된 공동체에서 화합과 화목의 본으로 존재해야 한다.

재물로도 부유한 부자가 되어야 한다. 쌀독에서 인심 난다는 속담도 있다. 내 주머니가 썰렁하면 선한 일을 할 수 없다. 교회는 가난해야 된다고 정신 나간 말을 하는 사람들이 있다. 도대체 교회가 가난하면 무슨 일을 할 수 있는가? 말하기 쉽다고 생각 없이 말을 위한 말, 말장난을 해서는 안 된다. 그리스도인과 그리스도인의 모임인 교회는 하나님의 은혜 안에서 재물로도 부자가 되어야 한다. 이렇게 믿음과 마음과 재물의 부자가 될 때 잘 살 수 있다.

그러면 잘 산다는 개념이 무엇인가. 잘 산다는 개념은 누리는 삶이 아니라 가진 것 없어 힘없고 약한 이웃에게 나누고 베풀고 섬기는 삶을 말한다. 가계부의 지출 란에 나누고 베푸는 내용이 다양하고 액수가 많을수록 잘 사는 것이다. 그리고 어느 공동체에 속해 있든지 그곳에서 겸손하게 가장 낮은 자리에서 모두를 섬기는 삶을 살아가는 것이 건강하고 행복한 그리스도인의 삶이다. 이것이 부자 되어 잘 사는 삶이다.

주님께서 말씀하셨다. 먼저 섬기고 나누고 베풀라고 하셨다. 주는 자가 받는 자보다 복이 있다고 하셨다. 부자 되어 잘 산다는 것은 경제논리로 말하면 부자 되는 것은 성장이고 잘 사는 것은 분배이다. 사회윤리적 논리로 말하면 부자 되는 것은 노블레스요, 잘 사는 것은 오블리주이다. 그리스도인은 성장과 분배, 노블레스 오블리주의 전형(典型)이 되어야 한다. 그리스도인들이여! 부자 되어 잘 살자. 총체적으로 위기를 맞고 있는 어려운 시대이기에 우리 그리스도인들은 더욱 부자 되어 잘 살아야 한다.

성육의 신앙과
성육의 정신만이 소망이다

이에 예수께서 이르시되 네 칼을 도로 칼집에 꽂으라 칼을 가지는 자는 다 칼로 망하느니라 너는 내가 내 아버지께 구하여 지금 열두 군단 더 되는 천사를 보내시게 할 수 없는 줄로 아느냐 내가 만일 그렇게 하면 이런 일이 있으리라 한 성경이 어떻게 이루어지겠느냐 하시더라(마 26:52~54)

건강하고 행복한 사회와 나라를 만들기 위해서 그동안 여러 형태의 운동을 전개해 왔다. 자유당 정권 이후 정부 차원에서 펼쳐온 도덕재무장운동, 새마을운동, 새마음운동, 사회정화운동 등이 그것이다. 지금도 깨끗하고 건강한 사회를 이루기 위해서 정부 차원이나 시민단체 및 종교 차원에서 다양한 운동을 펼치고 있다. 그러나 기대하고 활동하는 만큼 사회는 정화되지도 않았고, 건강하고 행복해지지도 않았다. 달라진 것이 없이 오히려 더욱 어둡고 혼란한 세상이 되어 있다.

왜 그럴까? 보다 나은 세상을 만들기 위해서 나름 안간힘을 쓰는데 왜 세상은 그렇게 칠흑같이 어두워만 가고 코를 찌르는 악취만이 더해 가는 것일까? 그 이유는 이 모든 운동이 하나같이 생명이 없는 운동이기 때문이다. 생명이 없는 존재는 썩게 되어 있다. 그리고 썩은 것은 고

약한 냄새를 풍기게 되어 있다. 때문에 생명 없는 운동은 마치 꽃은 화려하게 피지만 열매를 맺지 못하는 화병 속 식물과 같다.

예수님은 생명이시다. 생명 없는 운동은 예수 없는 운동을 말한다. 예수 없는 운동은 어떠한 형태의 운동이라도 성공할 수 없다. 그렇다면 절망인가? 소망은 없는가? 아니다. 아직은 소망이 있다. 그 소망은 바로 성육의 신앙, 성육의 정신으로 살아가는 것이다. 그러므로 이제는 성육의 신앙운동, 성육의 정신운동을 힘 있게 그리고 지속적으로 펼쳐 나가야 한다.

성육이 무엇인가? 말씀이신 하나님이 사람의 몸으로 이 세상에 오신 것이다. 그분이 바로 예수 그리스도이시다. 예수 그리스도는 왜 성육하셨는가? 하나님의 뜻을 이루기 위해서이다. 하나님의 뜻이 무엇인가? 죽은 영혼을 살리는 것이고 연약한 영혼을 건강하게 세우는 것이다. 그래서 마침내 온전한 하나님의 나라를 이룩하는 것이다. 이를 위해서 예수님은 온갖 수모와 갖은 고난을 다 겪고 마침내 그 큰 고통 가운데 십자가에 못 박혀 죽으셨다. 예수님 자신은 실력도 있고 실력을 행사할 권리도 있었지만, 하나님의 뜻을 이루기 위해서 그 실력과 권리를 포기하고 십자가에서 죽으신 것이다.

이 같은 예수님의 마음을 갖고 자신이 처한 모든 삶의 현장에서 예수님의 삶을 살아가는 것이 성육의 신앙이요, 성육의 정신이다. 곧 하나님의 뜻을 이루기 위해서 내 뜻을 포기하고 내 뜻을 하나님의 뜻에 복종시키는 삶이 성육의 신앙, 성육의 정신으로 살아가는 것이다.

그러나 오늘의 실상은 어떠한가? 하나님의 뜻이야 어그러지든 말든, 한 영혼을 잃어버리든 말든, 한 영혼이 실족하든 말든, 교회가 혼란해지든 말든, 하나님의 나라 건설이 지연되든 말든, 자신이 속한 공동체가 파괴되든 말든 내 뜻을 성취하고 내 욕구를 충족시키기에만 혈안이 되어 있지 않은가? 명분은 주님의 영광, 주님의 뜻을 이루기 위해서라고 하지만, 실제로는 자신의 실속을 챙기고 있기에 더욱 교활하고 가증하다.

성도여, 교회여, 만백성들이여! 그리고 이 시대의 뛰어난 지도자들이여! 제자 훈련도 좋고, 세미나도 좋고, 컨퍼런스도 좋고, 이런저런 운동도 다 좋으나 이에 앞서 자신들의 삶의 현장에서 성육의 신앙, 성육의 정신으로 살아가기를 힘쓰라. 예수님의 마음, 예수님의 정신으로 예수님의 삶을 살아가라. 삶 속에서 예수님의 모습을 보이라. 어느 곳에 머물러 활동하든 그곳에서 빛과 소금으로 존재하라.

기억하시라. 성육의 신앙과 성육의 정신만이 이 나라와 지구촌의 소망이라는 것을……

사랑 그 위대한 힘

초판 1쇄   2009년 4월 15일
    2쇄   2009년 5월 8일

강성일 지음

발 행 인 | 신경하
편 집 인 | 김광덕

펴 낸 곳 | 도서출판 kmc
등록번호 | 제2-1607호
등록일자 | 1993년 9월 4일

(100-101) 서울특별시 중구 태평로1가 64-8 감리회관 16층
(재)기독교대한감리회 출판국

대표전화 | 02-399-2008, 02-399-4365(팩스)
홈페이지 | http://www.kmcmall.co.kr
          http://www.kmc.or.kr

디자인 · 인쇄 | 리더스 커뮤니케이션 02)2123-9996/7

값 10,000원
ISBN 978-89-8430-417-8 03230